程兆熊作品集 7

大地人物

理學人物之生活的體認

程兆熊 著

完人的生活與風姿之二

有的如和風甘露之溫純，有的如泰山喬嶽之高卓，
有的如皎月懸空之明淨，有的如汪汪萬頃陂之量度
各本其氣質之差別，呈現赤裸裸的心靈，
做那個時代的見證人。

程兆熊著《大地人物》新版推薦序
——取材自感動我的一部書《宋元學案》

呂榮海

欣見華夏出版公司於二〇二二年再出版程兆熊博士著《大地人物》一書。《大地人物》是取材於「古」，但用新文體、新方式表現的一本書，闡述「簡單的哲理」即「一個人的完成」。所謂「古」是指《宋元學案》，一部編寫了兩百年，讓我在五十五歲才接觸到而大爲感動的大書。

明末清初，大儒劉宗周因改朝換代而「絕食殉國」，其高徒黃宗羲在「反清復明」行動失敗時已四十六歲，決心編著《明儒學案》爲明朝一代大儒作傳，選錄他們的思想要旨，思索檢討明朝何以滅亡?這些思想家做些什麼?書成之後，他覺得還不夠，乃在康熙十五年（1676年）開始溯上宋元，編寫《宋元學案》，爲宋、元二代大儒作傳及分錄各學派之思想。

黃宗羲編寫到八十六歲過世，書未完成，只寫了十七卷，他的兒子黃百家繼續編，編成八卷，又未完成而過世。而後，於乾隆十二年至二十年，由全祖望繼續編，又未完成而過世，直到道光年間由王梓材繼續補、修，於道光十八年（1838年）刊於浙江，但毀於鴉片戰爭。至光緒五年（1879年）再由張汝霖翻刻於長沙。前後歷時兩百年。

不久，清朝也亡了，但《宋元學案》一百卷還在，甚至還繼續讓二十一世紀的人閱讀，我要說：黃宗羲勝利了，果然學術文化是長久的，政治是一時的。

《宋元學案》這部書中有四個呂氏作爲「案主」的學案：榮陽學案、呂范諸儒學案、紫微學案、東萊學案，呂氏學者十七人。

這很令我感動！編了兩百年的《宋元學案》的故事。我認爲：宋元學案、接續明儒學案，還有後來梁啓超、錢穆撰述的《中國近三百年學術史》（清代學案），是一千年來的「思想人物及思想史」，其所述之人物、思想、傳承、派別，絕對値得珍藏、翻閱，足以啓發人們「立志」。我和幾個朋友也受其影響而動手續編《民國學案》，雖然我們人手、能力有限，但怕什麼？還有兩百年，一定有更多更好的人才，加入我們呢！《宋元學案》所述的人物，也眞如程兆熊博士所稱「大地人物」—理學人物之生活的體認，此書將《宋元學案》一百卷、所述及兩千四百二十八位人物中，選出十位有相當代表性的人物，以及明儒學案中四位代表性人物，改以文學的筆法述說，可以較活潑、輕鬆讀來。

當然，限於篇幅，程兆熊博士只共寫出十四位理學「大地人物」之故事！不免有「遺珠」之憾，我因受《宋元學案》感動，除了爲熊著新版作序，也願意仿全祖望、王梓材爲它無償「補述」，爰仿程師標題方式及其對朱陸的評價，「補述」作「呂東萊」的〈人人需要一座橋．鵝湖會〉。

《完人的生活與風姿》推薦序

溫金柯

《完人的生活與風姿》一書，是先師程兆熊先生集先前所撰寫的《一個人的完成》、《大地人物》、《大地邊緣人物》三本小冊子編成的。據彭震球教授的原序，這樣的編輯，是在民國六十四年秋，彭教授給程老師提的建議，並取名爲《完人的生活與風姿》。

這樣彙編成一本書，事實上與程老師原先的著作構思是一致的。《一個人的完成》，是民國三十二年六月，老師在對日抗戰最爲艱苦的階段，受命代表政府，準備收回法國所擁有的滇越鐵路的主權時，寄居在昆明一座寺廟中寫成的；這本小書還有一個副題是「太平之線索」。民國四十幾年，老師在臺灣任教時，繼續以宋明理學人物與禪宗人物爲例，來闡明《一個人的完成：太平之線索》的意思。老師的說法是：「二次大戰期中，余在昆明一破廟中草《一個人的完成》一書，此乃概論性質，然亦頗思以此爲一太平之線索。年來，因試於一草一木中體認中國文化，從而草成《中國庭園花木與性情之教》。以後，遂復試於生活上體認中國文化之兩大異彩，即禪宗與理學，草成《禪門人物之風姿的欣賞》與《理學人物之生活的體驗》。」後二書也就是《大地邊緣人物》與《大地人物》。在集三書編成《完人的生活與風姿》時，又把所述的理學與禪宗人物，各各加上一個附題曰「一個人的完成之一」乃至「一個人的完成之三十」，也就是以三十個人物的言行，來具體闡述何謂「一個人的完成」。這樣就成了既有概論，又有具體實例，相互呼應的著作。

出生於光緒三十三年的程老師，成長在戰禍連連的時代。據其自述，讀大學時，學的是科學，曾經想要「輟學作戰」。後來有緣在杭州遇到熊十力先生，求開示。熊先生引孔子「己欲立而立人，己欲達而達人」之語勉勵他「己未立達，其如人何？」又說：「清季以來，人人攘臂救國，國以救而益危。此其故，可以不長深思耶？」老師說他得到熊先生的教誨，「看後久思」，「以後我即一意向學」，不久又赴法國巴黎凡爾賽園藝學院留學，取得園藝學博士學位。抗戰軍興，民國二十七年，南京失陷，老師方才回國，從軍報國。時年三十二歲。

老師在抗戰階段，曾受命考察七省的訓練事宜。民國二十九年，他給直屬長官陳誠司令寫信，「建議設立中國哲學研究所」。信中說：「職此次奉令視察黔桂湘粵贛閩等七省訓練事宜，爲時半載，並旁及農業設施外，更深有感於各地青年思想之浮動，及社會文化之失其重心，致共黨宣傳，乘虛以入，致各種訓練事業，推行之困難，追原究本，亦均係中心信仰之難樹立，故各地訓練者與被訓練者，均不免視訓練爲例行公事，而發生種種弊端。其治標辦法，已由職另呈建議，惟關於中心信仰之建立，則默察社會文化之需要，除盡量宣傳三民主義，以範圍人心外，竊以爲提倡中國哲學思想之研究，亦屬切要之圖。」老師在抗戰時期遊歷中國大地時，看到的是「各地青年思想之浮動，及社會文化之失其重心」，認爲這是更大的危機。在這樣的背景下，老師以探求「太平之線索」而撰寫的《一個人的完成》，應是有所感而爲。

抗戰勝利後，程老師回到故鄉江西，在原本「鵝湖書院」舊址上辦「信江農業專科學校」，隨後又擴充爲農學院，並爲國防部代辦了兩班青年軍屯墾職業訓練。老師說，「因一己夙習農業，遂頗有長居鵝湖之志，身旁攜此小書原稿，便印作校內諸生自修之用」。看起來，老師在戰後，是有意在宋代理學史上「朱陸之會」的著名之地「鵝湖」，繼往開來，躬身實踐，以講明學問，爲當時的中國尋找「太平之線索」。

程老師在《儒家思想——性情之教》一書，敘述宋明理學的復興，實根基於宋初胡瑗（世稱安定先生）結合「經學」與農業、水利等技藝的「湖學」。這與老師在鵝湖書院舊址辦「信江農業專科學校」，看起來有相同的意趣。老師打算在抗戰結束之後，定根在自己的家鄉，以自己所學的科學與哲學，建立中國太平的基石。

《一個人的完成》這本書首章的標題就是「太平之線索」，破題就引用韋莊的詩：「長年方悟少年非，人道新詩勝舊詩。十畝野塘留客釣，一軒春雨對僧棋。花間醉任黃鸝語，池上吟從白鷺窺。大道不將爐冶去，有心重立太平基。」老師引用唐末、五代的知識分子韋莊的詩，有一種古今呼應的意味。《新五代史·一行傳序》，開頭就說：「嗚呼！五代之亂極矣！傳所謂天地閉、賢人隱之時歟？」

極亂的時代，呼喚太平的到來。而太平的根基是什麼？韋莊提出了問題，在老師看來，開始解決這個問題的是宋初胡瑗的「湖學」。而胡瑗之所以能夠扭轉亂世，奠定宋明理學的黃金時代，老師在《大地人物》介紹的第一位，所謂「一個人的完成之一」，就是胡瑗，題目是：「胡安定的『得家書見上有平安二字即投之澗中不復展』」。用這樣的故事來說明，亂世的結束，太平的根基，在於一個人的覺醒：「得家書，見上有平安二字，即投之澗中，不復展，這也會是簡單化。只有如此，才可以攻苦食淡。只有如此，才可以終夜不寢。歸歟歸歟？誰能一坐十年不歸？只不過『知歸，知歸』，畢竟一坐十年不歸！就這樣成就了一個『學』，就這樣完成了一個人。這『學』就是『湖學』，這『人』就是胡安定。」

《一個人的完成》的一開始，引用韋莊的詩之後說：「這所謂的『太平基』是什麼呢？這在我的意思是：總須得要有一個人的完成呀！蓋必須眞有了『一個』和無數的『一個』人的完成，這才眞正可以有一個國家的完成，一個世界的完成，以至一個宇宙的完成。」

老師在戰後，想要在鵝湖書院，透過教育，實踐「有心重立太平基」的理想，但不久之後，中共推翻民國政府，建立共產政權，老師離開中國，首先來到臺灣。從此之後，「鵝湖」成了老師一生憶念不已的所在。儘管時不我予，但是老師到臺灣、香港等地，參與香港新亞書院的創辦，在臺灣的臺灣大學、中興大學、東海大學、文化大學等地任教，在臺灣做山地農業資源調查，不辭勞苦，幾乎走遍臺灣包括深山與平地的每片土地。胸懷天下，立志致太平，努力做事，修身養性。這可以說是程老師終其一生精神之所在。老師一生的著述，估計應有百本以上。這本《完人的生活與風姿》從以上的描述，或可以視爲最具代表性的一部，也是認識老師的精神世界的入門。

做爲本書「概論」的《一個人的完成》，提出所謂「一個人的完成」所根據的綱目，依次是：「對人性的了悟」、「做人的重量」、「對人的容量」、「遵循人情的正軌」、「內心的均衡」、「生活的簡單化」，前前是後後的根據。老師又說：「同時，這以上的各種根據，又是互爲根據的，然其各個共同的主要關鍵，還是在一個人對這所謂『簡單化』之涵義的認識的深度，從而獲得的一念的簡單化！」

扼要的說，所謂「對人性的了悟」，指的是：「你當知道，人性畢竟是好的，因此那便要：第一，好話務須多說，其次，世人應予鼓勵！也因此，你就千萬不可以驕！」

所謂「做人的重量」，乃是「德」。「那便是要常懷敬意，又要常懷好意，而見之於外的，則為端重」。

所謂「對人的容量」，就是「氣度」和「雅量」。「除了對人有一種極大的容忍外，並且對自己還有一種極大的情緒上的超脫」。

所謂「人情的正軌」，就是做事做到恰到好處與有分寸，所謂入情入理。

所謂「內心的均衡」，就是洒脫和不動心，是心安理得之相。

所謂「生活的簡單化」，就是「生活的原則性」與「生活的清明性」。

綜上所述，我認為，老師所說的「一個人的完成」，指的是在「宇宙內事乃己分內事，己分內事乃宇宙內事」的認知下，修練著「人情練達、世事洞明」的待人處世之道，以及「閒居獨處，清明在躬」的自處之道。老師則說：「此實一修養之道，亦即教育之道，亦即訓練之道，並亦為延年益壽與安樂永康之道。」

老師在《一個人的完成》中，除了舉中國史書中智愚賢不肖的故事為例，來說明上述各個綱目的內容，也不乏西洋人，諸如拿破崙、亞歷山大、愛因斯坦、歌德、愛默生等人的例子。而在《大地人物》、《大地邊緣人物》中，又以宋明理學人物和禪師們的風格作略，做更加深入的闡釋。老師的文筆極佳，所描述的人物風姿躍然紙上，使讀者對於什麼叫做「完成的人」有親切而生動的認知。老師說：「苟讀者亦願活看此書，活看理學，活看中國文化，則區區之意，既獲所償，而於世當不無小補。」

老師在此書中所呈現的思想規模，可以視爲是中國人文思想的彙整。如《大學》所說的，平天下，其基礎在於「正心誠意、格物致知」。又如《中庸》所說的「喜怒哀樂之未發謂之中，發而皆中節謂之和。致中和，天地位焉，萬物育焉」。事實上，修練「人情練達、世事洞明」的待人處世之道和「閒居獨處，清明在躬」的自處之道，何嘗不是佛教的精神呢？如《大智度論》所說的「般若將入畢竟空，絕諸戲論；方便將出畢竟空，嚴土熟生」，也是同樣的意思。老師經常提到明儒王龍溪所說的「聖學明，佛恩益有所證」，對於佛教乃至基督教與回教，都抱持著同情的理解與敬意。老師說：「孔門之氣象萬千，宋明儒者之篤實凝斂，而禪門人物又盡爲豪傑之士，凡此固皆大時代之所孕育而成，但亦正所以促成大時代之終於來到。此豈可以小模小樣，與夫小心眼以識取之乎？今之一切，只是小，而一切罪惡，即皆自小中與窄中來。於此推擴得開，即是一絕大本領。」在此，老師所斥的，乃是當代儒者中，以門戶之見闢佛的風氣。這是老師的氣度和思想高度。事實上，閱讀老師在《大地邊緣人物》中對於禪者的詮釋，也可見到老師的智慧犀利，每每令人心開意解，拍案叫絕。

筆者就讀文化大學哲學研究所碩士班時，曾選修老師教授的「儒家哲學」課。碩士論文以佛典《俱舍論》爲題，老師爲指導教授。在此之前，讀政治大學哲學系時，尚未親炙老師，就讀到《完人的生活與風姿》一書，並深深喜愛。對於書中所述胡安定的故事印象最爲深刻，知道立志之要。對於邵康節對程伊川所說的「面前路徑須令寬，路窄則自無著身處，況能使人行也？」引以爲誡。對於程明道的「坐如泥塑人，然接物渾是一團和氣」，覺得大開眼界。這些二十歲左右讀的書，到今天年逾花甲，反思起來，竟然是「存之於心，永誌不忘」的教誨，可謂一生受用不盡的閱讀。老師的著作，把「哲學思想」與修練「如何待人處世、獨居自處」連繫起來，對一個哲學系學生來說，應該是很有啓發的吧！

今年初，華夏出版公司重印程老師的《高山行》、《高山族中》、《山地書》、《臺灣山地紀行》等山地四書，李惠君女士邀集先師的門人共襄盛舉。我們識與不識的學長們都歡喜踴躍，一起參與，並在全臺各地舉辦十場座談。對懷念先師的我們來說，這眞是不可思議，也是令人備感欣慰的活動。簡總編輯上月表示有意重印《完人的生活與風姿》，並邀筆者撰寫序文。筆者不敢推辭，謹述如上。

民國一一一年五月七日

彭序

不知是由於情性的契投，還是由於對人文世界的嚮往，這些年來，我竟成爲程兆熊兄的忠實讀者。他一有新著，我必先設法讀到。在他的許多著述中，我特別喜愛他談論人物情性的作品。最先，我讀到的是《大地人物》一書，當看到宋明理學們那篤實沈潛的器宇，那清操自勵的志節，就令我怔忡多時！其次讀到《大地邊緣人物》，見到禪門大德們，風標萬古，妙語如珠，心中再顯一度靈光。最後纔讀到《一個人的完成》，他綱舉目張，平心論人，至此我又憬悟到一個完美人格的完成，是要經過無限歷程的。這三部書，我都留下了深刻的印象。然時湮日久，這些書早已絕版，現時已很難讀到了。去秋，我乃建議兆熊兄，將此三書重新排印，並合訂成一冊，總稱爲「完人的生活與風姿」，兆熊兄即欣然應允。

這三本書雖是先後寫成，卻是血脈一貫，聲氣相通的。《大地人物》一書，作者從宋明學案中選出若干突出的人物，運用妙思，塑造成不同人物的類型，引領讀者，同觀先賢風範。這裏所塑造的，有的如和風甘露之溫純，有的如泰山喬嶽之高卓，有的如皎月懸空之明淨，有的如汪汪萬頃陂之量度，各本其氣質之差別，呈現赤裸裸的心靈，做那個時代的見證人。我們知道：宋明時代的理學家，遭際不遇，時在淒風苦風中過生活；人在風雨裏，心情悲苦，一念及大地生靈，一念及歷史文物，一念及千載之下的未來國家，內心的孤憤幽憂，就化爲砥礪志節的力量，激發爲偉大人格的光輝了。所以宋明諸儒的德行學問，是從生活實踐中體驗得來的。

《大地邊緣人物》所描述的，都是是禪門的大德。我國自晉唐以來，禪門人物，各具風姿，慧光流轉，以啓迪眾生。故本書所述，從達摩的行跡，德山的來勢，雲門的敲門，……以至臨濟的托開，投子的投明，道吾的不道，各有妙諦，各顯神通。禪師們的棲止，起初僅是一個衷心的嚮往，隨後便是一個絕妙的行蹤。他們處身叢林，竹窗留影，蓮池印心，語言動定，皆入三昧。外頭儘是天翻地覆的世界，這裏卻是天清地寧的局面；外頭儘管是吵吵鬧鬧的聲音，這裏卻是諄諄懇懇的言詞。禪師們又各有絕大的本頭，凡疑遇難，著手便判，身心世界，全體放下。作者以他敏捷的想像力，把握一刻間的意象，又能創造一份得心應手的活言語，給每一位禪師的風姿，點染一些光彩，收到人物表現的恰當效果。

《一個人的完成》一書，雖是較早寫成的作品，在我卻是最後讀到的。平心而論，每個人的完成，雖不必太過求顯赫膨脹，亦不必奢求建立豐功偉業，人要希聖希賢，總先要從盡性做起。能盡一己之性，就能盡人人之性。因此，一個人的完成，要能面對現實環境，要能面對人生世局，作深度的體驗，從心靈的深處，呈現人性的光輝，就能得到生命的安頓，創造幸福的生活。本書的內容，從太平的線索說起，接著說到人性的了悟，做人的重量，對人的容量，人情的正軌，內心的均衡，生活的簡單化，歸結到一個人的完成。這一系列的論述，會古今人物於一處，集時空生活於一體，可說是一冊完整的「人學」論著。

我們深知：人的歷史，由「質」到「文」；人的生活，由「簡」到「繁」，自是必然的演進。惟我們總憂懼歷史過於「文」，人性必會趨於光滑浮薄，到頭終會陷落的；因而我們總希求一已能夠走出光滑的平面，盡力向上提昇。我們又憂懼生活過於「繁」，人性必顯得光怪陸離，到頭終會迷失了自己；因而我們總希求一己能夠擺脫不相干的羈絆，力求生活單純化。這是立己立人的原則，成事成物的道理，希望讀者能夠多加省察。

我們讚賞先賢及禪師的生活與風姿，係出於個人衷心的景仰。然更重要的是，要能發掘自身的本性，調和一己的才情，使個人氣質之稟，得到中和的發展，不偏不蔽，不剛不柔，不清不濁，處人而不失己，持己而不失人，循此中道而行，必可保持自己的才情個性，又能在社會群體中，得到安身立命之所。這一種生活態度，未知能得讀者同意否？我眞不敢一言肯定。

中華民國六十五年仲夏
彭震球寫於台北寓所

前言

二次大戰期中，余在昆明一破廟中草《一個人的完成》一書，此乃概論性質，然亦頗思以此爲一太平之線索。年來因試於一草一木，一花一椽中體認中國文化，從而草成《中國庭園花木與性情之教》以後，遂復試於生活上體認中國文化之兩大異彩——即禪宗與理學，草成《禪門人物之風姿的欣賞》與《理學人物之生活的體認》。此後一書即本書，簡稱《大地人物》，因彼等皆與大地深相聯結並逕從大地生長之故也。此乃對一個人的完成，加以一一論列之作。

書成，君毅兄來信云：「兄論宋明理學家文，弟亦見到一篇。兄文之機之活，無人能及，亦易對人加以啓發，但有時嫌太流走，即不免使人當作欣賞對象滑過——。」而宗三兄則已將此書原稿先閱一遍，認所取路向，係一新的重要方向。此皆知己之言也。苟讀者亦願活看此書，從而活看理學，活看中國文化，則區區之意，既獲所償，而於世當亦不無小補。

書中引用成言，本應註明出處，惟本書大都根據《宋元學案》與《明儒學案》，若讀者已讀此兩書或將能進而讀此兩書，則一一註出，反爲冗舉矣。又本書承王社長貫之兄擇要發表於《人生雜誌》，並承刊印單行本，熱忱可感，敬此誌謝。

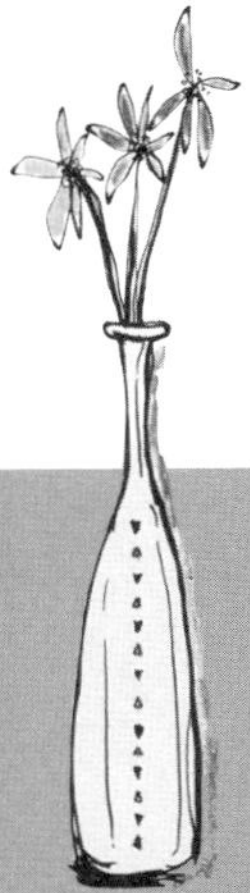

CONTENTS

CONTENTS

一、胡安定的「得家書，見上有平安二字，即投之澗中，不復展」

已死之夫，不可復陽；但已失之心，必可復得。當大家沒有心、沒有靈、沒有骨骼的時候，當大家情已枯、氣已盡、才已竭的時候，當大家追逐著蠅頭之利，爭取著風頭之名，又力逞著無頭無緒的一管之見的時候，世亂如麻，雖成過去；但毒蛇之子，依舊環伺。大地風光，雖是兩樣；但滿天星斗，不落人間。這時，分明時代的渴望，就是人的渴望，就是心的渴望。時代成了兩截，人成了片斷，心成了零。這便使時代的渴望，不能不是「一」；人的渴望，不能不是「全」；心的渴望，不能不是「道」。這「一」就是「全」；這「全」就是「道」。而「道」亦就是「全」，「全」亦就是「一」。禪師們的一大本領，是把一切放下，於是窗明几淨，夜夢無痕。但禪師們究竟也失掉了一大本領，他們忽略了人在窗前，書在几上，枕在床頭，會就是「天地位，萬物育」。要知放下一切，是簡截了當，是簡單化，是「一」；而提起一切，也一樣是簡截了當，一樣是簡單化，一樣是「一」。

胡安定先生瑗，史稱其：

「家貧，無以自給，往泰山，與孫明復石守道同學，攻苦食淡，終夜不寢，一坐十年不歸，得家書，見上有平安二字，即投之澗中，不復展」。

這爲的是什麼呢？這爲的是「恐擾心也」。

個人的心，就是人間的心，人間的心，就是時代的心。但當時代成了兩截，時代的心，就零亂了；當人成了片斷，人間的心，就模糊了；而當心成了零，個人的心更是難說了。這時，個人的心之「歸於一」，就是人間的心之「歸於全」。這時人間的心之「歸於全」，就是時代的心之「歸於道」。挽救一個時代，就是拯救一個人間；拯救一個人間，就是澄清一個寰宇。要知乾坤扭轉，始能喚得春回；而喚得春回，始能獲得心在。時代是一陣風，吹來了又會吹去。人間是一股流，流去了又要流來。獲得心在，就可由他擾攪。但由他擾攪，雖欲存之，不也是千難萬難麼？攻此之苦，食彼之淡，終夜不寢，思之無端。此亦一無窮，彼亦一無限。一年二年，三年四年，吹來吹去，流去流來，一坐悠已十年，而十年竟成一坐。有國有家，在天之下；既在天之下，即家書値萬金，誰不應，更誰不會閱之不能休，讀之不能罷？只不過有家有國，在天之側，如此得家書，見上有平安二字，一方面是最爲難得，另一方面，不必細看，也就得了。投之澗中，不復展視。千年萬載，不過一流；「逝者如斯」！千言萬語，不過二字；平安而已！若於逝者之中，更有所求，若於平安之外，更有所念；這便是「二」，不是「一」！這便是「分」，不是「全」！這便是「俗」，不是「道」。

這一方面是「心」上的以心擾心，既失其一。這另一方面也是道上的因道失道，並去其全。於此以應時代的渴望，便會遑遑如喪家犬。於此以應人的渴望，便會手足如無所措。於此以應心的渴望，便會纔焉如不終日。一切不能放下，便一切不能提起。同樣一切不能提起，也就一切不能放下。「纔提起是天理，纔放下是人欲」（明儒張伯行語），但纔放下會又是天理，纔提起會又是人欲。因之，放下固須得簡單化，提起也須得簡單化。得家書，閱之不能休，讀之不能罷，淚暗暗地流，聲漸漸地啞，這會是簡單化。得家書，見上有平安二字，即投之澗中，不復展，這也會是簡單化。只有如此，才可攻苦食淡。只有如此，才可終夜不寢。歸歟歸歟？誰能一坐十年不歸？只不過「知歸，知歸」，畢一坐十年不歸！就這樣成就了一個「學」，就這樣完成了一個人。這學就是湖學，這人就是胡安定。史載：

「先生倡明正學，以身先之，雖盛暑，必公服坐堂上，嚴師弟子之禮，視諸生如子弟，諸生亦愛敬如父兄，其教人之法，科條纖悉具備。立經義治事二齋，經義則選擇其心性疏通，有器局，可任大事者，使之講明六經。治事則一人各治一事，又兼攝一事，如治民以安其生，講武以禦其寇，堰水以利田，算曆以明數是也，凡教授二十餘年。」

這就是：一提起，就一切提起。個人提起了，諸生也就提起了。諸生提起了，諸事也就提起了。於是心提起了，人提起了，時代也就提起了。毒蛇之子，雖然還是環伺著，但滿天星斗，因爲落在一人的眼中，終於落到一人的心上。這便使人人的兩眼，有了星辰；這便使萬眾的一心，有了星斗。昨日是滿天星斗高懸。今日是人間星辰遍在。當大家有了心，有了靈，有了骨骼的時候，當大家情已生，氣已養，才已育著的時候，更當大家鄙棄著蠅頭之利，唾棄著風頭之名，拋棄著無頭無緒的一管之見的時候，天固然清了，地固然寧了，時代固然正了，而一個國家，以至一個世界，也就自然而然地由衰亂到了復興，由「剝」到了「復」。「貞下起元」，一起，一切起。

程伊川嘗語人曰：

「凡從安定先生學者，其醇厚和易之氣，一望可知！」

又嘗言：

「安定先生之門人，往往知稽古愛民矣，於從政何有？」

安定先生的論語說中，有幾句話，說得好：

「命者稟之說於天，性者命之在我。在我者修之，稟於天者順之。愚魯辟喭，皆道其所短，而使修之者也。」

有個人的愚魯辟喭，就有時代的愚魯辟喭。分明是個人形成了時代，怎麼會是個人應當聽從著時代呢？於此，把時代斷然放下，一腳踢開，這便是心遊邃古，一念萬年。命既在我，則我愚即修之不愚，我魯即修之不魯，我辟即修之不辟，我喭即修之不喭。凡是有了生命的人，就應該作著生命的主人。凡是作著生命的主人的人，就應該作著命運的主人。命運的悲劇，就是性格的悲劇。主宰著命運，這是主宰著性格。主宰著性格，就是主宰著時代。順之固所以生天生地，但逆之亦所以成聖成賢。順之須修，逆之則更須修。不要把時代放在眼下，這是一個人的修行的第一義。此即所謂「性」，此即所謂「命之我在」。其性「醇厚和易」則其命便是「稽古愛民」。其命「稽古愛民」，則其性便是「醇厚和易」。這與轟轟烈烈不必相同。這與冷冷清清，卻頗近似。胡安定是由冷冷清清到醇厚和易。而其同時代之王安石則是由轟轟烈烈到「爲所欲爲」。大宋的天下分明是在冷冷清清處，打下了基礎。大宋的天下，也分明是在轟轟烈烈處，摧毀了本根。當轟轟烈烈和冷冷清清，失掉其應有的調和及變化裏的統一的時候，轟轟烈烈之爲轟轟烈烈，便只是逞精彩，弄魂魄，終至於鬧意氣。步趨一亂，本根便傷。加以毒蛇之子，依然環伺，遂至不堪設想。於焉而再思及冷冷清清處，便不勝其悵惘。進而再思及當年醇厚和易之士，則更不勝其此日空虛之感。

宋神宗有一次問安定先生的高弟劉彝：

「胡瑗與王安石孰優？」

劉彝對曰：

「臣師胡瑗以道德仁義教東南諸生，時王安石方在場屋中修進士業。臣聞聖人之道，有體有用有文，君臣父子，仁義禮樂，歷世不可變者，其體也。詩書史傳子集，垂法後世者，其文也。舉而措之天下，能潤澤斯民，歸於皇極者，其用也。國家累朝取士，不以體用爲本，而尚聲律浮華之詞，是以風俗偷薄。臣師當寶元明道之間，尤病其失。遂以明體達用之學授諸生。夙夜勤瘁，二十餘年，專切學校，始於蘇湖，終於大學，出其門者，無慮數千餘人。故今學者，明夫聖人體用，以爲政教之本，皆臣師之功，非安石比也。」

「上天之載，無聲無臭」。由無聲無臭，到冷冷清清。由冷冷清清，到醇厚和易。於此內部有了統一，再求統一裏的變化。在變化裏可以風虎雲龍，可以轟轟烈烈，亦可以風流雲散，亦可以冷冷清清。此之爲有體有用，而人亦必見其文。而安石則方在場屋中，修進士業，所見爲文，其所體者，亦爲文。得君如神宗，雖所用爲轟轟烈烈，但究已離卻了冷冷清清，不能安於經常，遂亦無由處其變化。而且當變化裏失其統一時，一切便零亂了。由零亂而衰頹，由衰頹而敗壞。所有敗壞天下者，皆屬無體之人，或以文爲體之士。

於是神宗再問劉彝曰：

「其門人今在朝者爲誰？」

劉彝又對曰：

「若錢藻之淵篤，孫覺之純明，范純仁之直溫，錢公輔之簡諒，皆陛下之所知也。其在外明體達用之學，教於四方之民者，殆數十輩。其餘政事文學，粗出於人者，不可勝數，此天下四方之所共知也。」

惟有體始能淵篤，惟有體始能純明，惟有體始能直溫，惟有體始能簡諒。醇厚和易是由於有體，泠泠清清是由於有體，無聲無臭更是由於有體。此體退而藏之於密，散之則著於天下。體著則澤廣，如有一人不被其澤，猶是體之未能全著。

徐積初見先生（安定），頭容少偏，先生厲聲云：

「頭容直。」

積猛然自省：

「不僅頭容要直，心亦要直。」

自是不敢有邪心。

先生爲國子日，番禺某大商遣其子就學京師，所齎千金，偎蕩而盡。身病瘠將危，客於逆旅，適其父至，閔而不責。携之謁先生，告其故。曰：

「是宜先警其心，而後教諭之以道也。」乃取一帙書。曰：

「汝讀是，可以知養生之術，知養生，而後可學矣。」

視之乃《素問》也。讀未竟，惴惴然懼伐性之過，自痛悔責。先生知已悟，召而誨之曰：

「知愛身則可修身，自今以始，其洗心向道，取聖賢書次第讀之，既通其義，然後爲文章，則汝可以成名。聖人不貴無過，而貴改過，勉勤事業。」

能使人「不敢有邪心」，這是由於有體。能使浪子回頭，這更是由於有體。安定先生在太學，日升堂講易，音韻高朗，旨意明白，眾皆大服，五經異論，弟子記之。目爲胡氏口義。要知這裏所謂「有體」，實是以經爲體。安定先生是由經義裏面，獲其「沉潛」，因之「一坐十年不歸」，又因之「得家書，見上有平安二字，即投之澗中，不復展」。他以經術教授吳中，使范文正公愛而敬之。後更使其「東歸之日，弟子祖帳，百里不絕」。他還曾使當時的皇帝於見了他之後，稱贊道：

「胡瑗進退周旋，皆合古禮。」

他凡事體之於經，他便以經爲體。這經，是經義。這經，是經術。這經，也是經常。他以經常之理，明於經義。他以經常之事，合乎經術。那是時代的渴望，那是人的渴望，那亦是無限的渴望，那亦是永恒的渴望。一切渴望著無限，一切渴望著永恒，因之，一切也渴望著經常。這經常就是「一」。這經常就是「全」。這經常就是「道」。以經爲體，是使道成肉身。體之於經，是使肉身成道。宋神宗題贊胡安定像曰：

「先生之道，得孔孟之宗，先生之教，行蘇湖之中，師任而尊，如泰山屹峙於諸峰，法嚴而信，如四時迭運於無窮，辟居太學，動四方欣慕，不遠千里而翕從。召入天章輔先帝，日侍啓沃萬言而納忠。經義治事，以適士用，議禮定樂，以迪朕躬，敦尚本實，還隆古之淳風，倡明正道，開來學之顓蒙。載瞻載仰，誰不思公？誠斯文之模範，爲後世之欽崇。」

在這裡，分明一個人的完成，是由孔孟而完成，是由教行而完成，是由師任而完成，是由法嚴而完成，是由納忠而完成，是由禮樂而完成，是由本實而完成，是由淳風而完成。是由正道而完成。

黃東發曰：

「先生明體用之學。師道之立，自先生始。然其始讀書泰山，十年不歸，及既教授，夙夜勤瘁，二十餘年，人始信服。立己立人之難如此。」

在這裡，分明一個人的完成之經歷是「十年不歸」，是「二十餘年教授」。一坐就是十年，一教就是二十餘年。這十年二十餘年是什麼呢？那會只是時間嗎？如其是時間，那自然不會是空洞的時間，是時間的心血。在這心血裡有「一」，在這心血裡有「全」，在這心血裡有「道」。這是因爲在這心血裡有著一切的渴望。有一切的渴望，就會有一切的簡單化。而爲了要符合著這一簡單化，就自然而然地會：

「得家書，見上有平安二字，即投之澗中，不復展。」

如此一來，雖已死之夫，不可復陽，但已失之心，則必可復得。

二、孫泰山的「退居泰山之陽」

照全祖望的說法是：

「安定冬日之日也，泰山夏日之日也」。

惟此「夏日之日」，卻退居泰山之陽。他在那裡「聚徒著書」，他在那裡「以治經爲教」，他在那裡「與安定同學」。宋史更說他治經勝過安定。又照全祖望的說法：「安定沈潛，泰山高明。安定篤實，泰山剛健。各得其性稟之所近，要其力肩斯道之傳則一也。」孫泰山明復，學春秋，著《尊王發微》十二篇，他說：

「欲治其末者，必端其本，嚴其終者，必正其始。」他於宋興八十年之後，退居泰山之陽，他分明是有一件大事，在那裏要去做著。那就是「端其本」，那就是「正其始」。他不是一個隱者，他誠如弟子石介所作〈明隱篇〉之所說：

「孫明復先生，蓄周孔之道，非獨善一身而兼利天下者也。四舉不得一官，築居泰山之陽，聚徒著書，種竹樹栗，蓋有所待也。古之賢人有隱者，皆避亂世而隱者也，彼所謂隱者，有匹夫之志，守硜硜之節之所為也，聖人之所不與也。先生非隱者也。」

他放下一切，正為的是要提起一切。在大唐紛紛然於數百年間，俱逞其才華之美，氣質之美，情味之美之際，禪師們把一切放下，那是一大本領，那是一大手腕。但在五代無生人之氣，情味索然，文物蕩然之後，諸老先生把一切放下，那便是大修養，大心肝。惟有大修養，始能有大擔當。惟有大心肝，始能有大魄力，要提起一切，必然要大擔當，必然要大魄力。連禪師們都不是隱，諸老先生更何能是隱者？石介之於其師，知之最悉。石介之言，說得透徹。要知一個人放下一切，而一心一意要端其本，而誠心誠意要正其始，這如何會是獨善其一身？聚徒著書，是覿體承當。種竹樹栗，是生機瀰漫。此道之所傳，此意之所托，既非等閒，自必有待。

石徂徠與祖擇之書云：

「自周以上觀之，聖人之窮者惟孔子，自周以下觀之，賢人之窮者，惟泰山明復先生。」

此所謂窮，只能說是一個人不想放下的，也終於放下了。但此決不能說：孫泰山一心想提起的，竟終未被提起來。他是夏日之日，他很可能把一切燒焦。通常舉行洗禮的是用水，但他卻似乎在那泰山之陽用火去舉行著洗禮，在一切是疲憊的狀態裡，在一切是軟軟的情況中，在大亂之後，如夢初醒之際，在大事已了，如喪考妣之時，誰去那曠野裡臨流四顧？誰去在曠野裡趁早一行？在那裡有時代的渴望，人的渴望，心的渴望。在那裡更有時代的呼聲，人的呼聲，心的呼聲！曠野裡有渴望！曠野裡有呼聲：時代在呼喚著一個應有的時代，人在呼喚著一個應有的人，而心亦正在呼喚著一個應有的心。在那裡臨流四顧，你會知道，渴望的由來。在那裡趁早一行，你會知道呼聲的所在！

從東從北來的敵人，那時候是那樣的強大；從西從南來的敵人，在那時候也並不軟弱，加之在那時候，從中從內來的敵人還更強大，而全不軟弱。殘唐五代以來，幾百年的動亂，雖在那時候，經已結束了八十餘年，但那還只是僥倖沒有臥倒，而並未眞正的立起來，所謂太平，並不僅僅是無事，太平是要堅實，太平是要清晰，太平是要光輝，惟有堅實，始能清晰，惟有清晰，始能有光輝。在那時候光輝是在那裡呢？在那時候，冬日之日，是胡安定，在那時候，夏日之日，是孫泰山。光輝從那裡起，光輝便從那裡生，泰山一心一意地在那裡要端其本，這便是要光輝從那裡一陣一陣地起；泰山誠心誠意地在那裡要正其始，這便是要光輝從那裡逐步逐步地生。所有的敵人，都只是從黑夜裡來，一旦中土全是光輝，就可一眼看到神州都是綠野，就可一心想到世界，確是清平。這時候，敵人從東而去，從北而去，又會從西而去，從南而去，更會從中而去，從內而去，沒有了黑夜，就不能藏形，而不能藏形，亦就沒有了踪影。衹有這樣，方是眞正的太平。

泰山說：

《傳》曰：「四郊多疉，此卿大夫之辱也。地廣大荒而不治，此亦士之辱也。噫！仁義不行，禮樂不作，儒者之辱與？」（儒辱）

在那時候，失土未復，世仇未報，是國恥，是君恥。在那時候，仁義不行，禮樂不作，是儒辱，是心辱。國恥君恥，歷歷在目，儒辱心辱，一一在身，孫泰山於此退居泰山之陽，便無法不「枯槁憔悴，鬚眉皓白」。他以「夏日之日」之軀，而景念著聖人春秋之書之事，他斷言春秋書秦伐晉，係因「秦不顧人命，見利而動，又起此役，夷狄之道也」，故以黜之，他因「桓四年春正月公狩於郎」而深深感到：

「田不時謂之荒，殺不由禮謂之暴。惟荒也妨於農，惟暴也殄於物，此聖人之深戒也。」

因此歐陽修就說他「治春秋，不惑傳注，不爲曲說以亂經，其言簡易，明於諸侯大夫功罪，以考時之盛衰，而推見王道之治亂，得於經之本義爲多」。朱子亦說他「觀其推言治道，凜凜然可畏，終得聖人意思」。在東西南北都是敵人時，懂得春秋大義，就懂得聖人之意，而在身內心內都是敵人時，懂得聖人之意，也就懂得春秋大義。不荒不暴，這是聖人之意。外於夷狄，這是春秋大義。而不妨於農，不殄於物，這又是春秋大義；人命至大，以義而動，這又是聖人之意。聖人之意，要正其始，春秋大義要端其本。在民族危急時，華夏是本，在大道走失時，一念是始。然當日月光華時，夷狄亦同華夏，這又是春秋大義。然當人文化成時，一念正是萬年，這又是聖人之意。復仇雪恥，是春秋大義，民胞物與，是聖人之意。但當絕不可辱，是聖人之意時，一視同仁，又是春秋大義。正其始，乃所以端其本，而端其本，亦正所以正其始。聖人之意，見於春秋大義，而春秋大義終成聖人。孔子以聖人而作春秋，孫泰山則以夏日之日而治春秋。作春秋是大聖之事，治春秋是大賢之人。作春秋決不承認「凡是存在的，都是合理的」，而治春秋則須直截了當地領悟著天地間確切有一種「善的形式」，作其一切的衡量，讓人類的歷史是事實的發展，又是眞理的發展，否則，那便絕對用不著「枯槁憔悴，鬚眉皓白」了。

據載：

「先生退居泰山之陽，枯槁憔悴，鬚眉皓白，故相李文定迪守兗，見之，嘆曰：『先生年五十，一室獨居，誰事左右？不幸風雨飲食，生疾奈何？吾弟之女甚賢，可以奉箕帚』。先生固辭。文定曰：『吾女不妻先生，不過一官人妻，先生德高天下，幸婿李氏，榮貴莫大於此』。先生曰：『宰相女不以妻公侯貴戚，而固以嫁山谷野老藜藿不充之人，相國之賢，古無有也，予敢不承』！其女亦甘淡泊，事先生盡禮，當時士大夫莫不賢之。」

這眞是「夏日之日」之下的一片綠蔭，在綠蔭之旁，有一股泉水，在泉水之上，更令人思及一種古希臘神話中之Narcissus的傳說。那裡的傳說是極其美妙，又極其淒慘的愛著影子，但這裡的史事，則是極其清涼，又極其敦厚的愛著德行。那泰山之陽的老者，固不類喜馬拉雅山下之古印度的隱者，而那廊廟之上的宰輔，與那閨閣之中的賢者，在所有人類的歷史記載裡，又如何再能有其類似的記載呢？在這裡婚姻之事是性情之事，性情之事是道德之事，而道德之事又是春秋之事。

石徂徠《泰山書院記》有語云：

「先生嘗以爲盡孔子之心者《大易》，盡孔子之用者《春秋》。是二大經，聖人之極筆也，治世之大法也，故作《易說》六十四篇，《春秋尊王發微》十二篇。疑四凶之不去，十二相之不舉，故作堯權。防後世之篡奪，諸侯之僭偪，故作舜制。辨注家之誤，正世子之名，故作正名解。美出處之得，明傳嗣之嫡，故作《四皓論》。先生述作，上宗周孔，下擬韓孟，是亦爲泰。」

本來他是窮，其實他亦爲泰，聖賢之道無屯泰，屯於此，即泰於彼，泰於彼，即屯於此。如實說來，屯亦是泰。《大易》論屯泰，而《春秋》則只論是非。屯泰有是理，而是非則有是事。理所以盡此心，事所以盡此用。而心亦正所以盡此理，用亦正所以盡此事。《大易》與《春秋》，是聖人的一體兩面。心與用，理與事，也正是聖人的一體兩面。由此而有堯權舜制，並由此而有《正名解》，《四皓論》。言不虛發，則道不虛傳，而道不虛傳，言亦不復虛發。能知國家之恥，能知儒者之辱，就自然會兩者皆不落空。

泰山說：

「儒者之辱，始於戰國，楊墨亂之於前，申韓雜之於後，漢魏而下，則又甚焉，佛老之徒橫於中國……」

他沒有說到國家之恥，國家在當時，那還是所謂盛世。只不過盛世不一定就太平，太平不一定就堅實，堅實不一定就清晰，清晰不一定就能有光輝而眞有以立。如無以立，便終是國家之恥。他深切感到儒家之辱，他就不會不深切感到國家之恥，又何況毒蛇之子，夷狄之族，還正在那裡環伺，還正在那裡蠢動呢？退居泰山之陽，是所以知恥知辱，退居泰山之陽，是所以立信立義。惟有知恥知辱，才能眞有其歸寂的工夫。惟有立信立義，才能眞有其歸仁的把柄。不能歸寂，便會外懾於毒蛇，內惑於楊墨。不能歸仁，便會外屈於夷狄，內服於佛老，而申韓之禍與喪心之禍，亦即將由此而來，未可或免。此則非僅國家之恥，亦非僅儒者之辱，而實為天下之恥，人文之辱，固無別於東西南北，亦無分於楊墨佛老，而皆為其所痛心，皆為其所痛恨。

在一望無際的廣漠的平原裡，泰山是突起的，在「前不見古人，後不見來者，念天地之悠悠，獨愴然而淚下」的人海裡，孫泰山是沉重的。毒蛇之子環伺，而人心畢竟向善。夷狄之君無道，而諸夏終於親暱。「吾非斯人之徒與而誰與」？吾非中土之人與而誰與？惟鳥獸不可與同群，惟諸夏不可以或棄。以此而歸仁，其仁如天。以此歸寂，其寂如地。惟天可以澤潤著蒼生，惟地可以長養著萬物。是天生之人，自有其全副精神；是大地之子，自有其滿盤心血。只不過這全副精神要如何方能整個提起？這滿盤心血要如何方能澈底凝聚？那有待於歸仁，那有待於歸寂。而於此，歸仁正所以歸寂，歸寂亦正所以歸仁。孫明復之退居泰山之陽，是歸寂亦正是歸仁。

「枯槁憔悴，鬚眉皓白」是歸寂而能寂。惟寂則萬化歸身。

「枯槁憔悴，鬚眉皓白」是求仁而得仁，惟仁則乾坤在手。

三、石徂徠的「道大壞，由一人存之」

石徂徠《救說》云：

「道大壞，由一人存之，天下國家大亂，由一人扶之。古言大廈將顛，非一木所支，是棄道而忘天下國家也。顚而不支，坐而視其顚，斯亦爲不智者矣。曰：見可而進，量力而動。其全身苟生者歟？」

歐陽修誌石徂徠墓曰：

「先生非隱者也，其仕嘗位於朝矣，魯之人不稱其官而稱其德，以爲徂徠魯之望，先生魯之尊，故因其所居之山，以配其有德之稱，曰徂徠先生。其遇事發憤，作爲文章，極陳古今治亂成敗，以指切當世，賢愚善惡，是是非非，無所諱忌，世俗頗駭其言，由是謗議喧然，而小人尤嫉惡之。相與出力，必擠之死，先生安然，不惑不變，曰：吾道固如是，吾勇過孟軻矣。」

徂徠先生躬耕徂徠山下。他「丁父母艱，垢面跣足」。他「葬不葬者七十喪」。他「以易教授其徒」他說：

「春秋爲無王而作。」

他誠如歐陽修所云：「先生非隱者也。」他師事孫泰山，據載孔給事道輔聞孫泰山之風，就見之。他執杖履侍泰山。泰山坐則立，升降拜則扶之。及其往謝也，亦然。他這樣一來，便讓魯人「始悉師弟子之禮」。他那時已「著名山左」，魯多學者，但以他爲「尤賢而有道」。他「入爲國子監直講太子中允，直集賢院，學者從之甚眾」。他曾著《怪說》三篇及《中國論》，他說：

「堯舜禹湯文武周公孔子之道，萬世常行，不可易之道也。佛老以妖妄怪誕之教壞亂之，楊億以淫巧浮僞之言，破碎之。」

正如慈溪黃氏之言，他已看「宋興八十年，浮靡之習方開」。他「又著唐鑑，以戒姦臣宦官宮女，指切當時」。他論治統，深痛心於「五代大壞」。他挺然而立，他也要國家挺然而立，他也要天下挺然而立。他走入徂徠山下，他又由徂徠山走下，他去到孫泰山那裡，俯伏地躬執弟子之禮。他使人人看見泰山之高，他又使人人知道師道之尊。在山高道尊之間，他挺然而立，人人自亦能見其高，人人自亦能見其尊。惟其能下，所以能高；亦惟其能高，所以能下。惟其能卑，所以能尊，亦惟其能尊，所以能卑。在高高下下與尊尊卑卑之間，他看到堯舜禹湯文武周公孔子之道，爲萬世常行，不可易之道。既爲常行，即不容更有妖妄怪誕。既不可易，即不容更有淫巧浮僞。他以易教授其徒，他是希望其徒能由易裡知不易，由變裡知常。他了然於孔子之《春秋》，係爲「無王而作」，他會自然而然地知道：常道不立，則變道無憑。變道無憑，則生民無主。他也會自然而然地知道：師道不尊，則大道無據；大道無據，則人道無依。所謂無王，那就是生民無主。所謂無王，那就是人道無依。他「極陳古今治亂成敗，以指切當世」，這正是《春秋》之意。他「賢愚善惡是是非非，無所忌諱」，這正是《春秋》之事。《春秋》之意，由一人明之。這便是「道大壞，由一人存之」。《春秋》之事，由一人行之。這便是「天下國家大亂，由一人扶之」。他挺然而立，惟挺然而立，始有以存之。他挺然而立，亦惟挺然而立，始有以扶之。

每一個國家，每一個人群，其對外唯一的大事是獨立，其對內唯一的大事是統一。惟此道如不存，此心即無著；此心一無著，手足即無措；手足一無措，萬事即慌張。慌張則神散，神散則亂離。這便絕不能求統一。要統一總要有一個嚮往，而眞正的嚮往，總是嚮往於一，嚮往於全，嚮往於道。對內有了嚮往，則對外便有了目標。義利之辨，是非之分，是一個嚮往。人禽之辨，夷夏之分是一個目標。在一個嚮往下，大家統一起來，國家統一起來，人群統一起來。則在一個目標下，大家也就儘可以獨立起來，國家也就儘可以獨立起來，人群也就儘可以獨立起來。石徂徠挺然而立，這可以存道，這也可以扶亂。這可以求一，這亦可以求有以立。對內的一個嚮往，是一個「向心」。對外的一個目標，是一個主腦。有統一，能獨立，亦就是有向心，有主腦。石徂徠挺然而立，是渴望著有向心。這渴望是個人的渴望，也是當時時代的渴望，人的渴望，心的渴望。石徂徠挺然而立，是呼喚著主腦。這呼喚是個人的呼喚，也是當時時代的呼喚，人的呼喚，心的呼喚。

「《春秋》爲無王而作」。石徂徠則是爲了一個向心，爲了一個主腦，挺然而立。

這挺然而立是一件心事。

這挺然而立，是一件大事。

本此心事而言，本此大事以說，則「見可而進，量力而動」，自然會是「其全身苟生者歟」？要知一個人既出世，就會有一件心事，就會有一件大事，這如何可以「棄道而忘天下國家」呢？

他上孫先生書云：

「攘背欲操萬丈戈，力與熙道攻浮謞。」

他上韓密學經略使書云：

「有非常之事，然後有非常之人，有非常之人，然後有非常之功，今元昊猖狂，亦非常也。」

他上王沂公書云：

「合天下之公也，雖其親暱，人不謂之私。用一人之私也，雖其疏遠，人不謂之公。」

他景慕著「郭代公爲太學生，家信至，寄錢四十萬爲學糧，有縗服叫門云五代未葬，代公即命以車，一時載去，略無留者，亦不問姓氏。代公其年絕糧，不能成舉」。

他又景慕著「柳河東布衣時，坐酒肆中，有書生在其側，言貧無以葬，柳即搜於其家得白金百餘兩，錢數萬，遺之」。

他爲了要「存道」便不能不力攻浮譌。他爲了要救天下國家，便不能不想著「非常之事，非常之人，非常之功」，在他的眼中，公私之分，就是義利之分，就是是非之分。他認定一個義字，他認定一個是字，他便挺然而立。他挺然而立，他便直道而行。他直道而行，他便心無渣滓。他心無渣滓，他便一切承擔。他一切承擔。他便一味放手，盡其所有，以與於人，而絕無留滯，他景慕著郭代公，他景慕著柳河東，他於是也便「葬不葬者七十喪」。

但另一方面，他於一味放手之餘，他更一味苦苦自持，他高明的想著，他簡單的活著，他想著一切，他又一切不想。對於生民，他想著一切。對於生活，他一切不想。

據載：

「守道（石介）爲舉子時，寓學於南都，其固窮苦學，世無比者。王濟聞其窮約，因會客以盤餐遺之。石謝曰：甘脆者，亦介之願也。但日餐之則可，若止一餐，明日無繼，朝饗膏粱，暮厭粗糲，人之常情也。介所以不敢當賜。便以食還，王咨重之。」（見《倦遊錄》）

他不是不知道「人之常情」，但他卻明知道一墮入「人之常情」裡，便會無由自拔。他願甘脆，他並願日餐甘脆。但他卻十分知道一墮入甘脆裡，便要爲甘脆所勝，那又如何能再挺然而立?甘脆陳於眼前，他儘有他的一件心事。甘脆陳於桌上，他心中，更儘有他的一件大事。去吧，常情，他非不識常情。去吧，甘脆!他非不願甘脆。一個人儘可以生活在常情裡，但絕不應爲常情所勝。一個人儘可以生活在甘脆裡，但絕不應爲甘脆所勝。一個人要挺然而立，則求勝於常情，求勝於甘脆，總應該是一個最低的條件。

他因爲一心想著非常之事，非常之人和非常之功，他便對著朝廷內大賢大奸之去留，自然而然地有其非常之關切。他作〈慶歷聖德詩〉，略云：

「眾賢之進，如茅斯拔。大奸之去，如距斯脫。」

他所謂眾賢，是指杜衍、晏殊、范仲淹、韓琦、富弼、歐陽修等。他所謂大奸，是指夏竦等。當時孫泰山看了他這首詩便說道：

「子禍始此矣。」

不久，他於挺然而立後，終於又溘然長逝了。一個人，生得挺然，於是也就死得安然。一個人，死得安然，但又有誰能保其死後，就安然無事呢？一個人，生得挺然，死得安然，則臨死時，儘可不必嘆一口氣，但一個人，生得挺然，死得安然，則臨死時，也難免不去嘆一口氣。石介之死，又果如何？此則甚不可知。只不過他生前的遭遇和他死後的遭遇，就是他自己不去嘆一口氣，可是千載之下，自我人視之，還是不免要嘆一口氣。據李端叔《姑溪集》載：

「初夏竦在樞府，深怨石介之譏己，必欲報之。滁州狂人孔直溫謀反，伏誅。搜其家，得石介書，時介已死。竦爲宣徽南院使，言介詐死，乃富弼遣介結契丹起兵，期以一路爲內應。請發介棺驗之。詔下兗州，時知兗者爲杜衍，語僚屬，莫敢答。掌書記龔鼎臣願以闔族保介必死。提刑名居簡，亦言無故發棺，何以示後？具狀上之，始獲免。」

「道大壞，由一人存之。天下國家大亂，由一人扶之」。但當這一人倒下去了的時候，又將如何？而且當這一人倒下去以後，甚至還要「發棺」的時候，又將如何？死了，人家會說他詐死。絕不「棄道而忘天下國家」的人，人家會說他詐死以北走契丹。這又果將如何呢？於此人們所道出的，只是：當一個人因「道大壞，由一人存之，天下國家大亂，由一人扶之」，而倒下去了的時候，必然會有一個人因「道大壞由一人存之，天下國家大亂，由一人扶之」之故，而又起來的！至於其他各事，就儘可不提了。

四、周濂溪的「窗前草不除去」

程明道曰：

「周茂叔窗前草，不除去。問之，云：與自家意思一般。」

其所謂「與自家意思一般」，究竟這「自家意思」是什麼呢？

他爲洪州分寧縣主簿時有獄久不決，他一訊立辨。

又據載：

「轉運使王逵，慮囚失入，吏無敢可否，先生獨力爭之，不聽，則置手版，歸取告身，委之而去，曰：『如此尚可仕乎？殺人以媚人，吾不爲也。』逵感悟，囚得不死。」

他知南昌縣，縣人喜曰：

「是能辨分寧獄者，吾無冤矣。」

他在合洲，不爲部使者趙清獻公抃所知。及趙公爲虔守，熟視先生所爲，大服之。執其手曰：

「今而後乃知周茂叔也。」

他又「轉虞部郎中，廣東轉運判官，提點本路刑獄，雖荒崖絕島，人跡所不到者，衝瘴而往，以洗冤抑」。

這「自家意思」是「一訊立辨」。

這「自家意思」是「不殺人以媚人」。

這「自家意思」是讓人「無冤」。

他這「自家意思」，雖「為政簡易，以一琴一鶴自隨」之趙清獻公，亦有所未知。及其知之，便不覺傾倒。

他這「自家意思」，雖「荒崖絕島，人跡所不到者」，他也要有所表白。這表白就是「衝瘴而往，以洗冤抑」。

他把自家的意思，弄得平平。他便把一己的心情弄得平平。他把一己的心情，弄得平平，他便把人間的冤抑，弄得平平。他把人間的冤抑弄得平平。他便把世上的歲月，弄得平平。

只有世上的歲月，弄得平平，天地間的生意，才會弄得滿滿。只有天地間的生意，弄得滿滿，窗子前面的小草，才會弄得青青。

一株小草的青青，是表明著一個天地的生意。一個天地的生意，是表明著一番歲月的清明。一番歲月的清明，是表明著一種人間的喜氣。一種人間的喜氣，是表明著一己心情的開脫。而一己心情的開脫，便又表明著自家意思，與那窗前小草，總是一般。到這裡，窗前草，不除去，讓一切平平，那是平意又是平心。那是平心又是平獄。那是平獄，又是平情。所謂平情，那是平白地過著日子；而所謂平白地過著日子，則又斷然是清楚地平著天下。

當窗前草，不除去，與自家意思一般，這在前人的解釋是：滿腔子都是生意。但當滿腔子都是生意時，一遇到人間有了冤抑，這便又天昏地黑，日月無光。到這裡，便又不由你不滿腔子都是惻隱之心。殺人以媚人，固是大惡。而除草以悅己，亦是妄人。到這裡，便又不由你不滿腔子都是罪戾之念。於是世人有了冤抑要求救。而你有了罪戾，也得要求救了。你會求救於洗雪著世人的冤抑。你也會求救於尊崇著小草的神靈。到這裏，窗前草的意思，便不可得而知。只不過，他和你「自家意見」並無二致，則是可以斷定，又是可以領略的。誰能眞正知道一株小草？但你只要知道他的意思，與自家意思一般，也就夠了。

據載：

「熙寧四年，先生領廣東憲事，以洗冤澤物爲己任，俄得疾，聞水嚙母墓，遂乞南康。改葬畢曰：強疾而來者，爲葬爾。今欲病污麾紱耶？」

又據載：

「廬山之麓有溪焉，發源於蓮花峰下，潔清紺寒，合於湓江。先生渥纓而樂之，築書堂其上，名之曰濂溪。志鄉閭在目中也。」

罪戾！身居蠻荒，水嚙母墓。雖洗盡荒崖絕島之冤抑、竟毫無補於一己一身之罪戾。窗前小草之意，既與自家意思一般，則庭前寸草之心，自亦與自家心情一樣。天地之大德，頓成天地之茫茫。但一轉念，天地之茫茫，亦正是天地之大德。去吧，向南而來，就應向北而去。向東而來，就應向西而去。東南西北，只不過是一來一去。爲洗冤而來，豈不應爲母墓而去？東南西北，會爲洗冤而有其方向。但東南西北，亦會爲母墓，而失其下落。「強疾而來者，爲葬爾」。就此留下吧，已不復更有東西南北了。廬阜是如此蒼蒼，溪水是如此潺潺，那是從嶺上流來，那是從谷中流出。那會流到天邊，那會流到海上。蒸而爲雲，凝而爲雨。而雲雨之聚，又在山頭。才一流下，復成溪水。溪水是源於蓮花峰，溪水是紺寒清潔。溪水是從天上來，從海上至，溪水又流入地中，流入海底。對著溪水，你要問東西南北麼？要知那是一個流變，那是一個迴環，那是一個永恆，那是一個無限。那不是一個東西南北之際，那只是一個鄉閭長在目中。溪清天亦清，溪潔地亦潔。而天之清，地之潔，則正是心之安，理之得。只不過溪水又是紺寒，這豈非人間又滿是罪戾麼？鄉閭雖長在目中，鄉閭究竟奚似？築書堂於溪水之上，懷此心於書堂之中，既不能自已，自只得濯纓而樂。地久天長，溪流不息，如此而已。

朱子作《濂溪像贊》曰：

「道喪千載，聖遠年湮，不有先覺，孰開後人？書不盡言，圖不盡意，風月無邊，庭草交翠！」

由風月無邊而庭草交翠，這便是「無極而太極」。由庭草交翠而生意盎然，這便是「太極動而生陽。」由生意盎然而相對默默，這便是「動極而靜，靜而生陰」。再由相對默默而長嘯一聲，這便是「靜極復動」。一動一靜，互爲其根；「奔走呼號，原歸一默」。「分陰分陽，兩儀立焉」：高山大海，一起一落。「陽變陰合，而生金木水火土」；盎然默默，這裡有輝煌有條暢，這裡有通達，有光芒，這裡又有永恆的堅實和不盡的迴環。若夫「五氣順布，四時行焉」；這自會是天理流行，百物生焉。說到「五行，一陰陽也」，那又是盎然默然。說到「陰陽，一太極也」，那又是庭草交翠。而庭草交翠，就是風月無邊，此之謂「太極本無極」。每一株小草，是一個無限；每一朵小花是一個永恆。每一個花草，是一番永恆與無限的交織。

凡是生命，就會或則是輝煌，或則是條暢，或則是通達，或則是光芒，更或則是永恆的堅實和不盡的迴環。一就是一切，而一切也就是一。此之謂「五行之生也，各一其性，無極之眞，二五之精，妙合而凝」。時間之流，直達今古。空間之蘊，散及八方。有時空，就有乾坤；有乾坤，就有男女，此之謂「乾道成男，坤道成女」，從而萬物化生，這成就了一切的變，也正成就了一個常。人得其常，故得其秀。人得其秀，故得其靈。形秀、神靈、善善、惡惡，於此而有萬事，於此而立人極。怎麼樣來，就怎麼樣去，這是「原始反終」。善其生，即所以善其死，這是「死生之說」。

每一個人是生在一個無限和永恆裡。每一個人也是死在一個無限和永恆裡。依前之說，這是仁；依後之說，這是義。仁是風月無邊，而義則是庭草交翠。仁是在風月無邊之中，而義則是庭草交翠之正，此「中」，是天地之中，而即「與天地合其德」。此「正」，是四時之正，故即與「四時合其序」。而「日月之明」與「鬼神之吉凶」，亦於焉不謀而合。此之爲「大哉易也，斯其至矣」。變而不變，即了然於一花一草之神靈。易而未易，即了然於一己一身之神聖。何思何慮？以及何求？則萬物皆備。無聲無臭，以至無欲，則當下即足。於此「反身而誠」，自是「樂莫大焉」。

當窗前草，不除去，與自家意思一般之際，你會滿腔子都是生意，你會滿腔子都是惻隱之心，你會滿腔子都是罪戾，你也會滿腔子都是「誠」。

周子《通書》載：

「誠者聖人之本。大哉乾元，萬物資始。誠之源也。乾道變化，各正性命，誠斯立矣。純粹至善者也，故曰：一陰一陽之謂道，繼之者善也，成之者性也。元亨，誠之通，利貞，誠之復。大哉《易》也，性命之源乎？」（〈誠上第一〉）

又載：

「聖，誠而已矣。誠五常之本，百行之原也。靜無而動有，至正而明達也。五常百行，非，誠非也。邪，暗塞也。故誠則無事矣。至易而行難。果而確，無難矣。故曰一日克己復禮，而天下歸仁焉。」（〈誠下第二〉）

誠那裏，有絕對的眞實，有無上的莊嚴，有至高的想像。你可從誠那裏，想像一個聖人，你又可從誠那裏，想像一個天地，那會是「聖人之本」，那亦會是天地之本。什麼是上帝？上帝就是眞理。天地是眞理之場，聖人是眞理之身。盈天地，皆眞理。因之，充乎聖人，亦皆眞理。當天清地寧之時，這便是誠！當心安理得之際，這便是誠。誠是徹上徹下，誠是通體透明。徹下則萬物資始。徹上則各正性命。而通體透明則是一個「純粹」，一個至善，一個簡單化。當一切簡單化得成爲一陰一陽，簡單化得成爲「一」時，這便是「道」。只有在那裡，道德才可以生根，纔可以發展。只有在那裡，性情纔有所安頓，纔有所完成。

由元而亨，由一而萬，那是直達，那是直下，那是直通。而直則是誠之直，達則是誠之達，下亦是誠之下，通仍是誠之通。於此，誠是徹內徹外。由利而貞，由變易而與簡單化之偕行，那是反本，那是回頭，那是「復其見天地之心」。而反本即是反歸於誠，回頭即是回歸於一，回歸於元。

因之，復亦必然會是誠之復。於此，誠是徹始徹終，惟誠能見誠。天地之心是一個誠。「復其見天地之心」，就是「誠其見天地之心」：人各一太極，物各一太極，人是天地之心，物亦是天地之心。「不誠無物」，是物亦誠。「反身而誠，樂莫大焉」。見出一己的誠，就見出天地的心。見出天地的心，就見出天地的本。見出天地的本，就見出天地的樂。所以是「樂莫大焉」。於此，樂是性，樂亦是命。而性命之源，是《易》，亦復是樂。

當窗前草，不除去，與自家意思一般之時，你會滿腔子是生意，是惻隱之心，是罪戾，又是誠，但你自然也一樣滿腔子會是「樂」。

濂溪偈曰：

「昔本不迷今不悟，心融境會豁幽潛，窗深草長松當道，盡日令人看不厭。」

又相傳元公還呈東林總一偈云：

「有物先天地，無形本寂寥，能爲萬物主，不逐四時凋。」

總肯之，遂與結青松社。他更呈詩云：

「窗前兀坐萬機休，日暖風和草自幽，誰道二千年遠事，今朝都到眼前頭。」

這二千年遠事，就是顏回的事。程明道自述其昔受學於周茂叔，每令尋仲尼顏子樂處，所樂何事？其後又自述其自再見周茂叔後，「吟風弄月」以歸，便分明是周濂溪要程明道所尋之事，於尋得之後，大快於心。遠遠的事一下子到了眼裡，一下子又到了心中。到了一己的心中。又到了別人的心中。到了一人的心中，又到了千萬人的心中。此事通於千古，此事又通於今朝。此事通於千古之上，通於今朝之前。此事通於千古之下，通於今朝之後。古往今來，前後上下，竟無非此事。時間是什麼？空間是什麼？二千年是眼前，二億萬年仍是眼前。一粒砂見世界，一粒微塵亦見世界。縱天翻地覆，亦是日暖風和，任萬古千秋，依然窗前兀坐。庭草自幽，眾機頓息。此是眼前事，但眼前事正是無限事，又是永恒事。因無限和永恒都一齊到了眼睛頭，所以二千年遠事，便連帶到了眼睛頭。

顏回的事，到了周茂叔的眼睛頭。而周茂叔的事，便也到了我們的眼睛頭。此眼前事會在天地之先，此眼前事亦會在天地之後。眼前事會無形無色，眼前事會無聲無臭。眼前就是「主宰」，眼前就是不凋。否則就不會是「窗深草長松當道，盡日令人看不厭」，草青青，松青青。不凋固是青青，不厭亦是青青。青青是有主，青青是寂寥。青青是不迷，青青是了悟。由此而生心生境，生天生地，亦由此而生人生物，生禮生義。五常之本在此，百行之原亦在此。靜下來，一切都歸無有。那是沖漠無眹。動起來，天地爲之變色，那是萬象森然。靜是大中至正，動是光明通達。非非，非邪，便非暗，非塞。至此，便是一切無事。不疾而速，不行而至，無爲而成。惟是一「誠」。在這裡，誠就是成。成就是全。那是全心全力，那是全副精神。那是至易，因爲是直下承當。那是行難，因爲是惟精惟一。只不過，你要是果哉而確乎無疑，以至統體透明，那便是「易以易行，簡以易行」，而全無難。「富有之謂大業，日新之謂盛德」，盛德大業，終歸於克己復禮，而「一日克己復禮」，則天下歸仁。仁就是精神的呈露，亦就是精神的實體。

當窗前草不除去，與自家意思一般之會，你會滿腔子是生意，是惻隱之心，是罪戾，是誠，又是樂，你自然也一樣滿腔子會是實體。

這實體是「寂然不動」。這實體是「感而遂通」。這實體是「動而未形有無之間」。安於此實體，而獨立不改，就是誠。安於此實體而「周行不迨」就是神。安於此實體而簡單化到了極點，就是幾。知幾其神，幾微是幽，神應是妙。由此而光明開朗，是精誠。聖人是由神而聖，聖人是一片精誠。濂溪云：

「誠神幾曰聖人。」

這是說：一個人在誠裡完成，在神裡完成，在幾裡完成。但當窗前草，不除去，與自家意思，眞的一般時，也儘有其一個人的完成。一株小草的完成，並不異於一個人的完成。而一個人的完成，就是周濂溪的完成。只不過一株小草所能完成的是一個神靈，而一個人所能完成的，則是一個神聖，至於周濂溪所完成的是什麼呢？黃山谷說：

「濂溪先生胸懷灑落，如光風霽月。廉於取名而銳於求志。薄於徼福，而厚於得名。菲於奉身，而燕及煢嫠。陋於希世，而尙友千古。」

又朱子曰：

「濂溪在當時，人見其政事精絕，則以爲宦業過人。見其有山林之志，則以襟懷灑落，有仙道氣。無有知其學者，唯程太中知之。」

於此，說濂溪完成一個政事，不如說濂溪完成一個胸襟。說濂溪完成一個胸襟，不如說濂溪完成一個學。窗前草不除，與自家意思一般，是表明著他滿腔子是生意，是惻隱之心，是罪戾，是誠，是樂，是實體，又是實學。

五、邵康節的「無可主張」

邵康節疾革，對司馬光說：

「試與觀化一遭。」

司馬光說：

「未應至此。」

邵康節就笑道：

「死生亦常事爾。」

張橫渠問疾論命，邵康節道：

「天命則已知之，世俗所謂命，則不知也。」

程伊川說：

「先生至此，他人無以爲力，願自主張。」

邵康節答道：

「平生學道，豈不知此，然亦無可主張。」

邵康節生前有詩曰：

「梧桐月向懷中照，楊柳風來面上吹。」

程明道便說他是「眞風流人豪」。

而程伊川也說：

「邵堯夫在急流中，被渠安然取十年快樂。」

程伊川又說：

「邵堯夫臨終時，只是諧謔，須臾而去，以聖人觀之，則亦未是，蓋猶有意也。比之常人，甚懸絕矣。他疾甚革，某往視之，因警之曰：堯夫平生所學，今日無事否？他氣微不能答。次日見之，卻有聲如絲髮來大。答云：你道生薑樹上生，我亦只得依你說。是時諸公都在廳上議後事，各欲遷葬城中（堯夫已自爲塋），他在房間，便聞得。令人喚大郎來云：不得遷葬。眾議始定。又諸公恐喧他，盡出外說話，他皆聞得。……」

據載：那時一人云有新報云云，堯夫問「甚事？」曰：「有某事。」堯夫曰：「我將爲收卻幽州也。」

一個人的死生之事，是常事，又是大事。但一個人在死生之際，要主張，也終於「無可主張」。同樣，「梧桐月向懷中照」，會無可主張；「楊柳風來面上吹」，也會無可主張。而「你道生薑樹上生，我亦只得依你說」，更是無可主張。但至此他人無以爲力，而一己復無可主張，然則究竟要如何方可主張呢？

實則，惟無可主張，方可主張。當程伊川問邵康節以如下的一句話之際：

「從此永訣，更有見告乎？」

邵康節即舉兩手示之。伊川曰：「何謂也？」

邵康節曰：

「面前路徑須令寬，路窄則自無著身處，況能使人行也？」

這面前路徑放寬，就是主張。他居洞陽四十年，安貧樂道，自云「未嘗攢眉」。這「未嘗攢眉」，就是主張。他所居寢息處，名安樂窩，自號安樂先生。又爲甕牖，讀書燕居其下，且則焚香獨坐，哺時飲酒三四甌，微醺便止，不使至醉。這「不使至醉」，就是主張。

他嘗有詩云：

「斟有淺深存燮理，飲無多少係經綸，莫道山翁拙於用，也能康濟自家身。」

這「康濟自家身」，也就是主張。

他又有詩云：

「廓然心境大無倫，盡此規模有幾人？我性即天天即我，莫於微處起經綸。」

這「莫於微處起經綸」，也就是主張。據載：

先生與富鄭翁早相知，富初爲相時，屬大卿田棐挽之出，先生不答。以詩謝之。文潞公尹洛，以兩府禮召見先生。先生不往。既王拱辰尹洛，以先生與常秩同薦，俱不起。至熙寧二年，詔舉遺逸，呂誨、吳充、祖無擇交薦先生。歐陽文忠薦常秩，除先生秘書省校書郎，潁川團練推官，辭，不許，既受命，即引病。以詩答鄉人云：「平生不作皺眉事，天下應無切齒人。斷送落花安用雨，裝添舊物豈須春？幸逢堯舜爲眞主，且放巢由作外臣，六十病夫宜揣分，監司無用苦開陳。」

這「六十病夫宜揣分」，一樣是主張。

又據載：

「新法作，仕州縣者，皆欲解綬而去，先生曰：此正賢者所當盡力之時，能寬一分，則民受一分之賜矣。」

這「賢者所當盡力」，豈不還是主張？

一個人總全靠自己主宰，所以總要自己主張，苦要自己主張，樂也要自己主張。進要自己主張，退也要自己主張。是要自己主張，非也要自己主張，以至生要自己主張，死也要自己主張，己主張。邵康節於其《觀物・內篇》中說：

「人之所以靈於萬物者，謂其目能收萬物之色，耳能收萬物之聲，鼻能收萬物之氣，口能收萬物之味。聲色氣味者，萬物之體也，耳目口鼻者，萬人之用也。體無定用，惟變是用，用無定體，惟化是體。體用交，而人物之道於是乎備矣。然則人亦物，聖亦人也。有一物之物，有十物之物，有百物之物，有千物之物，有萬物之物，有億物之物，有兆物之物。生一物之物，當兆物之物者，豈非人乎？有一人之人，有十人之人，有百人之人，有千人之人，有萬人之人，有億人之人，有兆人之人。生一人之人，當兆人之人者，豈非聖乎？是知人也者，物之至者也。聖也者，人之至者也。人之至者，謂其能以一心觀萬心，一身觀萬身，一世觀萬世者焉；其能以上識天時，下盡地理，中盡物情，通照人事者焉；其能以彌綸天地，出入造化，進退古今，表裏人物者焉。」

從「惟變是用」上說，從「惟化是體」上說，那是「人亦物，聖亦人」。但從變不失常，化不失神上說，那卻是「人也者物之至者也，聖也者人之至者也」。至是至於常，至是至於神。人是在倫常裡，聖是在神聖裡。惟安常處變，始能出神入化；亦惟出神入化，始能安常處變。因之，「人皆可以為堯舜」，亦因之，每一個人都是神聖。也因之，每一個人都是主宰，每一個人都有主張。「以一心觀萬心，一身觀萬身，一世觀萬世」，那便是一心一身和一世爲主宰。「以心代天意，口代天言，手代天工，身代天事」，那便是一個人的心和口，手和身都是代天主張。「其能以上識天時，下盡地理，中盡物情，通照人事」，那就是主宰天時，主宰地理，主宰物情，主宰人事。「其能以彌綸天地，出入造化，進退古今，表裡人物」，那就是爲天地作主張，爲造化作主張，爲古今作主張，爲人物作主張。

一個人的完成，就是一個人的至，「人之至者」，必爲主人，必爲主宰，必能主張。既是如此，就要「未嘗攢眉」，既是如此，就要「不使至醉」。既是如此，就要「康濟自身」。既是如此，就要「放寬路徑」。既是如此，就要「大處經綸」。既是如此，就要「揣分」，「盡力」。亦惟揣分盡力，始能大處經綸；惟大處經綸，始能放寬路徑，始能康濟自身；惟康濟自身，始能不使至醉；惟不使至醉，始能「未嘗攢眉」。只這未嘗攢眉，便是自爲主宰。只這未嘗攢眉，便是自作主張。說主宰，就是一個永恒永在的主宰；說主張，就是一個無窮無盡的主張。只不過——

「物之大者，無若天地，然而亦有所盡也。天之大，陰陽盡之矣。地之大，剛柔盡之矣。陰陽盡而四時成焉。剛柔盡而四維成焉。夫四時四維者，天地至大之謂也。凡言大者無得而過之也。亦未始以大爲自得，故能成其大。豈不謂至偉者與?天生於動者也，地生於靜者也，一動一靜交，而天地之道盡之矣。動之始，則陽生焉，動之極則陰生焉。一陰一陽交，而天之用盡之矣。靜之始則柔生焉，靜之極則剛生焉。一剛一柔交，而地之用盡之矣。動之大者謂之太陽，動之小者謂之少陽。靜之大者謂之太陰，靜之小者謂之少陰。太陽爲日，太陰爲月，少陽爲星，少陰爲辰，日月星辰交，而天之體盡之矣，太柔爲水，太剛爲火，少柔爲土，少剛爲石，水火土石交，而地之體盡之矣。日爲暑，月爲寒，星爲晝，辰爲夜，寒暑晝夜交，而天之變盡之矣。水爲雨，火爲風，土爲露，石爲雷，雨風露雷交，而地之化盡之矣。」（《觀物．內篇》）

天地之大有盡，天地之道有窮。於此，天之用有盡，天之體有盡，天之變有盡。而地之用有窮，地之體有窮，地之化有窮。主宰是一個永恒永在的主宰，主張是一個無窮無盡的主張。而天卻不會是一個永恒永在的天，地卻不會是一個無窮無盡的地。於此，「永恒永在」有了限定；「無窮無盡」，也有了限定。此一限定，使物歸於物，使人歸於人，使天地歸於天地，也使聖人歸於聖人，同樣，陰陽歸於陰陽，剛柔歸於剛柔，四時歸於四時，四維歸於四維，而日月星辰亦歸於日月星辰，水火土石亦歸於水火土石；以至寒暑晝夜終歸於寒暑晝夜，雨風露雷終歸於雨風露雷。此一限定，是無可如何。此一「無可如何」，是天命，邵康節臨死之際，對張橫渠說道「天命則已知之」，那會是眞正的了然於此一限定，安然於此一限定，了然於此一無可奈何，又安然於此一無可如何。而世俗之謂命，則是不了然安然於此一限定，不了然安然於此一無可如何，而別思有以自了自安之處，而即以之爲命。此之爲命，除其一己之外，實無人能知，而其紛然雜陳，亦不必求有以知之。邵康節於其《觀物．內篇》說：

「《易》曰：窮理盡性，以至於命。所以謂之理者，物之理也。所以謂之性者，天之性也。所以謂之命者，處理性者也。所以能處理性者，非道如何？是知道爲天地之本，天地爲萬物之本。以天地觀萬物，則萬物爲物，以道觀天地，則天地亦爲萬物。道之道，盡於天矣。天之道，盡於地矣，天地之道，盡於物矣。天地萬物之道，盡於人矣。人能知天地萬物之道，所以盡於人者，然後能盡民也。天之能盡物，則謂之昊天，人之能盡民，則謂之聖人。」

在這裡，因爲「以道觀天地，則天地亦爲萬物」。所謂物理，正是天理。而所謂天性，也正是物性。至若天理之爲何流行，物性之爲何遍在，則於此之間，並於此之上，實不能不有一個「命」在那裏。命在那裡，是一個限定；命在那裡，是一個主宰。理之能歸於命，即理之能歸於主。理之能歸於主，即理之能適如其量，而不至汎濫無歸。性之能歸於命，亦即性之能歸於主。而性之能歸於主，則即性之能充分發揮，而不至飄浮無本。由前之說，是爲窮理。由後而言，是爲盡性。窮理盡性，以至於命，則是以此而歸於「限定」，歸於主宰；

並以此而安於限定，安於主宰。命之處理此「理」與「性」，則是一任此理之窮於限定之中，一任此性之盡於主宰之下。至何以能一任此理之窮於限定之中，和一任此性之盡於主宰之下，則必有道存乎其間。爲理之限定和爲性之主宰者是命，而所以能爲理之限定和爲性之主宰者，則是道。一切是從道裡面顯出「理」，一切是從道裡面見出「性」。於此，道就是一個本體。他說：「道爲天地之本。」理由道而顯，理由道而見，天地亦由道而成。只不過萬物復由理而顯，由性而見，由天地而成。故又曰：「天地爲萬物之本。」天在道裏，地在天裡，物在天地裡，人在天地萬物裡。同樣，道亦在天裡，天亦在地裡，天地亦在物裡。而天地萬物復在於人，復備於人。因之，天地萬物之道，便盡於人。至若何以天地萬物之道，便盡於人，則由人之能自盡於己。盡天則能盡物，盡己則能盡民。昊天是盡天盡物，聖人是盡己盡民，聖人與昊天，其爲「盡」實一。

只不過，盡之後，終於是無盡；限定之後，終於是無限；主宰之後，終於是「上九，見群龍無首」。而天命亦終屬於身，至此「予欲無言」，而天亦果何言之有？眞正所謂「無可主張」，其實是無邊無際，何慮何思？其實是無聲無臭，行無轍跡。在這裡，邵康節《觀物．內篇》有一段論仲尼的話，觀此，其於臨死時所言之「無可主張」，究竟是如何的一種意向，實不難推知。他說：

「人皆知仲尼之爲仲尼，不知仲尼之所以爲仲尼。則捨天地，將奚之焉。人皆知天地之爲天地，不知天地之所以爲天地，則捨動靜，將奚之焉？夫一動一靜者，天地之至妙者與？夫一動一靜之間者，天地人之至妙者與？是故知仲尼之所以能盡三才之道者，謂其行無轍跡也。故有曰：予欲無言，又曰：天何言哉？四時行焉，百物生焉，其斯之謂與？」

知夫動靜之所以爲動靜，則知夫天地之所以爲天地。知夫天地之所以爲天地，則知夫仲尼之所以爲仲尼。天地之間，是一動一靜。一動一靜之間，是仲尼由之以盡乎天地人三才之道。而其所以能由之以盡乎天地人三才之道，則是由於其「無可主張」，而無邊無際，無臭無聲，以至何思何慮，而行無轍跡。言亦是跡。故曰：「予欲無言。」故又曰：「天何言哉？」然不言之言亦所以言，此四時之所以行，而百物之所以生，究竟不是無緣無故。四時之行，百物之生，是道合如此。道合如此，便言合如此。言合如此，則「予欲無言」，正所以言；「天何言哉」，亦正所以說。這無可說，正是「無可主張」。這「無可主張」，亦正是「道合如此，言合如此」，不言之言，即所以言。「梧桐月向懷中照，楊柳風來面上吹」，是無可主張，無可說，但亦正是所以言。從而「月到天心處」，「風來水上時」，亦正是「無可主張」，「無可說」，而又正是所以說。於此而有其嚮往，便是此風之流。於此而有其接觸，便是斯人之豪。邵康節臨死時之無可主張，雖然不即是仲尼的「無意，無必，無固，無我」，但總不能不說是風流人豪。故程明道說他是「眞風流人豪」。而程伊川也說他急流中，安然取十年快樂。既是風流人豪，自不妨在急流中，安然取著快樂。

只不過，邵康節臨死時之「只是諧謔」，雖然是「無可主張」，卻不能就說是全然無事。諧謔仍是有意，有意便不是無事。在這裡，聖人之所以為聖人，不僅在其無可主張，而實在其就是主張，也是全然無事。惟眞無意，始眞是「無可主張」，惟眞無必，始眞是「全然無事」。從而惟眞無固，才眞是「行無轍跡」；惟眞無我，才眞是同乎天地。

邵康節臨死時，人皆外出說話，他皆聞得，他又能遠知收卻幽州之事。伊川於此曰：

「以他人觀之，便以為怪。此只是心虛而明，故聽得。」

且因「其心地虛明，所以能推見得天地萬物之理」。但其心地之所以能虛能明，卻由其功夫之實實在在。據載：

「始學於百源，堅苦刻礪，冬不爐，夏不扇，日不再食，夜不就食者，凡數年。大名王豫，嘗於雪中深夜訪之，猶見其儼然危坐。」

有問朱子：

「康節心胸如此快活廣大，安得如之？」

朱子答道：

「他是什麼樣工夫?」

要知邵康節有生之日,會「儼然危坐」。則其臨死之際,就自然會「無可主張」。所謂「試與觀化一遭」,會就是由這「儼然危坐」到「無可主張」。

漢高祖臨死之前,拒絕就醫,謂:

「吾以布衣,提三尺劍,取天下,豈非天乎?命乃在天,雖扁鵲何益?」

這也是讓天命終於限定自己,並從而知其爲無可如何,以安於天命。就如此成就了他一生的豁達大度,就如此成就他一生的「無可無不可」。他以其資質之美,氣蓋當世、並成一千古之雄。

而邵康節卻加上了一個工夫。他臨死時雖只是諧謔,但卻沒有像漢高祖那樣在死時令人們感覺到一陣凄涼。程明道嘗謂:

「先生振古之豪傑。」

振古之豪傑與振古之英雄,畢竟會有所不同。振古之英雄,如今安在?而振古之豪傑,則依稀猶存。若夫聖人,那就簡直是同乎天地。一動一靜之間,一呼一吸之際,一上一下之中,和一前一後之會,固莫不顯然。就因爲這樣,邵康節在其有生之年,更不能不「儼然危坐」,就因爲這樣,邵康節在其臨死之際,更不會不「無可主張」。

六、程明道的「坐如泥塑人」

據載：「明道終日坐如泥塑人，然接物渾是一團和氣。」這由泥塑人到一團和氣，就是一個人的完成。而這一個人的完成之關鍵，則在其：「吾學雖有所授受，天理二字，卻是自家體貼出來。」（見《程明道語錄》）他體貼出天理，第一是由於識仁。他於其〈識仁篇〉中，說道：

「學者須先識仁，仁者渾然與物同體，禮義智信皆仁也。識得此理，以誠敬存之而已。不須防檢，不須窮索。若心懈則有防。心苟不懈，何防之有？理有未得，故須窮索。存久自明，安待窮索？此道與物無對，大不足以明之。天地之用皆我之用。孟子言萬物皆備於我，須反身而誠，乃得大樂。若反身未誠，則猶是二物有對。以己合彼，終未有之。又安得樂？訂頑意思（張橫渠《西銘》，舊名《訂頑》）乃備言此體。以此意存之，更有何事？必有事焉而勿正，心勿忘，勿助長。未嘗致纖毫之力。此其存之之道。若存得便合有得。蓋良知良能，元不喪失。以昔日習心未除，卻須存習此心，久則可奪舊習。此理至約，惟患不能守。

既能體之而樂，亦不患不能守也。」

這亦可說是：從一個人的道德生活裡，體貼出天理。以誠敬存此天理，而此誠此敬之本身，亦復是天理，所謂本體，即是工夫，而工夫亦即是本體。此工夫與本體之合一，就是道德與生活的合一。而讓道德與生活的自然合一，不須防檢，不須窮索，與物無對，體之而樂，便是識仁。識得仁，就體貼出天理，亦惟體貼出天理來，始能識得這個「仁」。

其次，他自家體貼出天理來，則是由於定性。他在其《定性書》中說：

「所謂定者，動亦定，靜亦定，無將迎，無內外，苟以外物爲外，牽己而從之，是以己性爲有內外也。且以己性爲隨物於外，則當其在外時，何者爲在內？是有意於絕外誘，而不知性之無內外也。既以內外爲二本，則又烏可遽語定哉？夫天地之常，以其心普萬物而無心。聖人之常，以其情順萬物而無情。故君子之學，莫若廓然而大公，物來而順應。《易》曰：貞吉悔亡，憧憧往來，朋爾從思。苟規規於外誘之除，將見滅於東而生於西也。非惟日之不足，顧其端無窮，不可得而除也。人之情，各有所蔽，故不能適道。大率患在自私而用智。自私則不能以有爲爲應跡，用智則不能以明覺爲自然。今以惡外物之心，而求照無物之地，是反鑑而索照也。《易》曰：艮其背，不獲其身，行其庭不見其人。孟氏亦曰：所惡於智也，爲其鑿也。與其非外而是內，不若內外之兩忘也。兩忘則澄然無事矣。無事則定，定則明，明則何應物之爲累哉？聖人之喜，以物之當喜，聖人之怒，以物之當怒，是聖人之喜怒，不繫於心，而繫於物也。是則聖人豈不應於物哉？烏得以從外者爲非，而更求其在內者爲是也。今以自私用智之喜怒，而視聖人喜怒之正爲何如哉？夫人之情，易發而難制者，惟怒爲甚，第能於怒時而遽忘其怒，而觀理之是非，亦可見外誘之不足惡，而於道亦思過半矣。」

識仁是道德生活之全，而由此道德生活之全，以屬於「一」，歸於本體，歸於極度的簡單化，便是定性。於此，道德生活之全，正是藝術生活之全，而由此道德生活之全與藝術生活之全，渾然爲一，便會儘有其一種眞正的至高的純宗教生活的實效。此一「實效」，就是「定」下來。才一「定」下來，就可見出天地之常。天地之常，就是「道」！纔一「定」下來，就可見出聖人之常。聖人之常，就是性。而道就是上帝，上帝就是眞理；性就是天命，天命就是至善。眞理是以其心普萬物而無心。至善是以其情順萬物而無情。「天命之謂性，率性之謂道」，那是讓至善出以天命的形式，化而爲性，那是讓眞理經由人性而出以上帝的形式，化而爲道。而修道之謂教，則是君子之學，「故君子之學，莫若廓然而大公，物來而順應」。廓然大公，是至善籠罩。物來順應，是眞理流行。惟眞理流行，則動亦定，靜亦定。惟至善籠罩，則無將迎，無內外。無將迎，無內外，則無所用其私，而只「以有爲爲應跡」。動亦定，靜亦定，則無所用其智，而只「以明覺爲自然」。於此，眞理是天理，至善是天性。天理非外，天性非內。因天理終下歸於倫理，故決然非外。因人性總上合於天性，故決然非內。內外一通，則內外兩忘。「兩忘則澄然無事」，這便是一個人簡單化到了極度，亦就是一個人簡單化到了一點，而歸於一本。由此而覿體承當，便渾然與物同體。由此而安常處變，便是或則由仁發而爲禮，或則由仁發而爲義，或則由仁發而爲智，更或則由仁發而爲信。此信與智，此義與禮，實皆歸於仁。此仁是德性之全。此德性之全，是全眞全善全美。而此全眞全善全美便是至善。惟至善，方是眞理；亦惟眞理，方是至善。識得仁，就識得至善，識得眞理。而識得至善，識得眞理，亦就是識得仁。由識得仁，則無應物之爲累而通體透明。通體透明，則一切定下而澄然無事，這是一條路。但當內外兩忘而一切放下時，那也會澄然無事，「無事則定，定則明，明則何應物之爲累？」這又是一條路。由前之說，那是由識仁而定性。由後之說，那是由定性而識仁。識仁則至善籠罩而廓然大公，以物之當喜而喜，以物之當怒而怒。定性則眞理流行而物來順應，於怒時遽忘其怒，而觀理之是非。由前之說，那是天性作主；由後之說，那是天理當權。識仁必識仁於天性之中。定性必定性於天理之下。仁識於天性之中，天理便被體貼出來。性定於天理之下，天理便也被體貼出來。天理一被體貼得出來，則天地之用，皆我之用。天理一被體貼得出來，則反身而誠，即獲大樂。對此大用，你不能不心中慄然。對此大樂，你不能不心中藹然。慄然而敬，藹然而誠，這便是「坐如泥塑人，然接物渾是一團和氣」之所由來。坐如泥塑人，會由於慄然而敬，以體貼出此天理，以存此天理。一團和氣，會由於藹然而誠，以體貼此天理，以存此天理。同樣當你一體貼出此天理，一存此天理之際，你也會坐如泥塑人和接物渾是一團和氣。坐如泥塑人，是「存得便合有得」。而一團和氣，則是「體之而樂」。

他說：「觀雞雛可以觀仁。」

他又說：「觀天地生物氣象。」

他認爲：「百官萬務，金革百萬之眾，飲水曲肱，樂在其中，萬變俱在人，其實無一事。」

他又認爲：

「風竹是感應無心，如人怒我，勿留胸中，須如風動竹。德至於無我者。雖善言善行，莫非所過之化也。」

他於「靜後見萬物皆有春意」。他爲詩曰：

「閒來無事不從容，睡覺東窗日已紅。萬物靜觀皆自得，四時佳興與人同，道通天地有形外，思入風雲變態中，富貴不淫貧賤樂，男兒到此是英雄。」

他數歲即有成人之度，其〈賦酌貪泉詩〉云：

「中心如自固，外物豈能遷？」

他十五六歲與弟伊川，受學於濂溪，即慨然有爲聖賢之志。嘗自言再見茂叔後，吟風弄月以歸，有吾與點也之意。

據侯仲良曰：

「朱公掞見明道於汝州，歸，謂人曰：某在春風中坐了一月。」

據謝上蔡說：

「先生善言詩，他又不曾章解句釋，但優遊玩味，吟哦上下，便使人有得處。」

又據張橫浦道：

「明道窗前有茂草覆砌，或勸之芟。曰：『不可，欲常見造物生意。』又置盆池蓄小魚數尾，時時觀之。或問其故。曰：『欲觀萬物自得意。』草之與魚，人所共見，唯明道見草則知生意，見魚則知自得意。此豈流俗之見，可同日而語？」

更據河間劉立之曰：

「先生德性充完，粹和之氣，盎於面背。樂易多恕，終日怡悅。立之從先生三十年，未嘗見其有忿厲之容。」

雞雛之可觀，實有「以誠敬存之」之可觀。其於其雛之慄然藹然，一心一意，實非敬莫辨，實非誠莫辨。康德以內在力量之無限，見最高之壯美，並謂此可於鷹搏小雀，而母雀與鬥中見之。實則雞雛之所遇，與此正同。惟康德之所言所見，要不過爲仁者之處變。而其以誠敬存之之事，則正是仁者之安常。於其變中，見最高之壯美。而於其常中，則見世間之至善。仁之發，爲內在心量之無限；而仁之收，則歸於精神之實體。觀雞雛可以觀仁，乃所以觀仁之發，又所以觀仁之收。本此以觀明道，則其仁之收，便是終日坐如泥塑人；而其仁之發，則即爲接物渾是一團和氣。

天地生物氣象之可觀，實乃「生生之謂易」之可觀。「易無思也，無爲也」，那是一任天理之流行，那是一任天性之作主。惟天理之流行，始無世間之斷滅。惟天性之作主，始無大道之淪亡。天地生物之既生既滅，且生且滅，與夫方生方滅，但畢竟是生生，畢竟是易。此其氣象之所以可觀。生物種子裡，儘有其仁核。其仁之收，爲磈然一物；而其仁之發，則是天地同春。所謂一元復始，萬象更新。此其氣象之可觀，自然會令人「浴乎沂，風乎舞雩，詠而歸」。若本此以觀程明道，則其終日坐如泥塑人，即此仁之收；而其接物渾是一團和氣，便是此仁之發。

「百官萬務，金革百萬之眾」，是「多之爲美」。「飲水曲肱，樂在其中」，是「少之爲貴」。萬變俱在人，其實無一事，則是不斷的簡單化。程明道的終日坐如泥塑人，是不斷的簡單化。而他的「接物渾是一團和氣」也不過是不斷的簡單化。這便是他爲什麼要常常說我這裡用的是減法，並說道：

「學者今日無可添，只有可減，減盡便沒事。」

「風竹是感應無心」，那便也是「生生之謂易」。而「德至無我者，雖善言善行，莫非所過之化也」，那便又是他所說的「生生之用則神也」。他以此而令劉立之從其三十年，未嘗見其有忿厲之容。據載：

「王安石執政，議更法令，言者攻之甚力，先生被旨赴中堂議事，安石方怒言者，厲色待之，先生徐曰：天下事非一家私議，願平氣以聽。安石爲之愧屈。」

他就如此於其一己未嘗有忿厲之容之餘，從容地讓厲色之人，亦爲之愧屈。此之謂所過之化。

茅山有龍池，其龍如蜇蜴而五色，自昔嚴奉以爲神物，先生捕而哺之，使人不惑。

他又見持竿以粘飛鳥者，取其竿折之。自是鄉民子弟不敢復畜禽鳥。

他爲政常常是不嚴而令行，有如上述。其實，他只是「靜後見萬物皆有春意」，所以不嚴。但其「道通天地有形外，思入風雲變態中」，則又使其令之行，即其仁之發。

其仁之收是坐如泥塑人，是簡單化，是減法，是感應無心。其仁之發，則是一團和氣，則是「所過之化」，則是「不嚴而令行」。

他又常常愛說著：

「不哭的孩兒，誰抱不得？」

這正是禪師家所謂之「死水不藏龍」。有犯小盜者，他告諭一番，又釋放了。後來這小盜又犯了事。便對其妻說：「我與大丞（指程明道）約，不復為盜，今何面目見之耶？」終於這小盜是自殺了。又據載：

「知扶溝縣，廣濟蔡河在境，瀕河惡子脅取行舟財貨，歲必焚舟十數，先生捕得一人，引其類得數十人，不復根治，但使分地挽舟督察作過者，其患始息。」

他作縣官，凡坐處皆書「視民如傷」四字，並且常常說：

「顯常愧此四字。」

他視民如子，民以事至縣者，必告之孝弟忠信。欲辦事者，或不持牒至庭下，他從容理其曲直，無不釋然。他計鄉村遠近為保伍，使之力役相助，患難相恤，而姦偽無所容。凡孤煢殘廢者，責之親戚鄉黨，使無失所。他在縣三年，民無強盜及鬥死者。據載：

「吏夜叩門，稱殺人者，先生曰：吾邑安有此？誠有之，必某村某人也。問之，果然。

或詢其故，曰：吾嘗疑此人惡少之勿革者也。」

試問蒼生：有誰是不哭的孩兒？如眞不哭，誰不能抱？如眞不哭，又有誰能「中心自固，外物不遷」，甚至連小盜惡子與夫惡少之勿革者，也抱他吟風弄月以歸，也抱在春風中，坐上一月；也抱他優遊玩味，吟哦上下，使其有得處呢？一個人如眞欲常見造物生意，一個人如眞欲觀萬物自得意，豈不應去抱著大哭的孩兒，以常見此生意，以常觀此自得之意，而三十年不復有忿厲之容麼？

要知眞能三十年未嘗見忿厲之容，那才是所謂終日坐如泥塑人，而爲仁之收。

要知眞能抱著大哭的孩兒，那才是所謂接物則渾是一團和氣，而爲仁之發。

仁藏於內，乃仁之收，如此，則德性充完，粹和之氣，盎於面背。

仁行於外，乃仁之發，如此，則樂易多恕，終日怡悅。

天下歸仁，則性歸於定。亦惟性歸於定，則天下歸仁。

在當時天下隱憂多端之際，有心之人和有志之士，方振臂疾呼，思有所更張，有所變革，然眾議紛紛然，群情洶洶然。在上者固急於求治，而在下者尤急於求伸。只不過大家心情一急，步調即不免慌張。程明道於此，卻終日坐如泥塑人。此正所謂默運天樞。神宗素知其名，每召見，從容咨訪，將退，則曰：

「卿可頻來求對，欲常相見耳。」

有一天他和神宗議論甚久，日官報午正，他方退下。中人相謂曰：

「御史不知上未食耶？」

他那時是太子中允監察御史里行，他務以誠意感動人主，言人主當防未萌之欲。只不過神宗心情一急，天下心情一振。在一切振奮有爲之中，王安石的新法便行。惟眞欲天下歸仁，終非心情一急可就。而新法之行，其於「接物渾是一團和氣」之道，則更偏差太遠。他於是說道：

「智者若禹之行水，行所無事。自古興治之事，未有中外人情交謂不可而能有成者，就使僥倖小成，而興利之臣日進，尚德之風浸衰，尤非朝廷之福。」

大凡心情一急，便易落入功利之中，他前後進說，從未有一語及於功利。他嘗極陳治道，神宗曰：

「此堯舜之事，朕何敢當？」

他聽了便愀然道：

「陛下此言，非天下之福也。」

大凡心情一急之人，總覺堯舜之事，爲不敢當。但天下之福，終須天下歸仁，而天下歸仁，終須堯舜之事，實則堯舜之事，就其澄然無事而言，他儘會讓人們也一如程明道之「終日坐如泥塑人」；就其興發蒼生而論，他便儘會讓人們也一如程明道之「接物渾是一團和氣」。在這裡，一切安安，一切不容急，同時一切也急不來。

只不過，有一件事，卻不容你不急，譬如就程明道說，他當曹村隄決時，他即謂郡守劉煥曰：

「曹村決，京師可虞，請以廂兵見付，事或可集。」

劉煥以鎮印假之。他便立走決所，激諭士卒。議者以爲勢不可塞，徒勞力耳。他卻募善泅者銜細繩以渡決口，得引大索，兩岸並進，數日而合。到這裡他便不復是「終日坐如泥塑人，然接物渾是一團和氣」了。

只不過，程明道又終於是：

「雲淡風輕近午天，傍花隨柳過前川，時人不解余心樂，將謂偷閒學少年。」

七、程伊川的「不啜茶，亦不識畫」

當程明道於「雲淡風輕近午天，傍花隨柳過前川，時人不解余心樂，將謂偷閒學少年」之餘，其弟程伊川在朝廷任侍講，對經筵承受張茂則之「嘗招請講官啜茶，觀畫一事」，卻說道：

「吾生平不啜茶，亦不識畫。」

他終於不去那裏啜茶觀畫。

他說道：

「一人之心，即天地之心；一物之理，即萬物之理；一日之運，即一歲之運。」

他又說：

「自理言之，謂之天。自稟受言之，謂之性。自存諸人言之，謂之心。」

他又說：

「一草一木皆有理，須是察。」

他認為「大而化，則己與理一，一則無己」。

他認為「人於天地間，並無窒礙處，大小快活」！

人家問他：

「學者須志於大，如何？」

他回答道：

「志無大小，且莫說道將第一等讓於別人，且做第二等。才如此說，便是自棄。雖與不能居仁由義者，差等不同，其自小則一也。言學便以道為志，言人便以聖為志。」

揚子說：「觀乎天地，則見聖人。」

他卻說：「不然，觀乎聖人，則見天地。」

就因為「觀乎聖人，則見天地」，所以「言人便以聖為志」。

惟有以聖為志，始「無窒礙處」。惟有以聖為志，「則己與理一」。「自理言之謂之天」，而「一草一木皆有理」，即是一草一木皆有天。「天命之謂性」，則是一草一木皆有性。「率性之謂道」，則是「一草一木皆有道」。一切是理的流行。一切是道的發用。「己與理一」即己與道一，因之，「一人之心，即天地之心」，而天地之心，亦即一人之心，天地之心不可見，但聖人之心，則如日麗乎中天，故觀乎聖人，乃見天地。以聖為志，即以天地爲量，既以天地爲量，又何來窒碍處？以聖人爲志，即以天地爲心，既以天地爲心，自然是「己與理一」。一則無己，無己則道成肉身，於此便不能不有其一個絕大的擔負。

伊川生平不啜茶，會是爲了一個絕大的擔負。

伊川亦不識畫，也會是爲了一個絕大的擔當。

伊川自少時未嘗乘轎，據《大全集．拾遺》載：

「頃在蜀與二使者遊二峽，使者相強乘轎，不可。詰其故，語之曰：某不忍乘，分明以人代畜，若疾病及泥濘，則不得已也。二使者亦將不乘，某語之曰：使者安可不乘？既至，留題壁間，先生曰：毋書某名。詰其故，曰：以使者與一閒人遊若錚客，當時竟不乘轎，亦不留名。」

他說道：

「今人居覆載之中，卻不知天地在照臨之內，卻不理會得日月。此冥然而行者也。」

他竟不乘轎，那是因爲他知道天地在照臨之內。他亦不留名，那是因爲他理會得日月。

據載：

「游楊初見伊川，伊川瞑目而坐，二子侍立，既覺，顧謂曰：賢輩尚在此乎？曰：既晚，且休矣。及出門，門外之雪深一尺。」

他在皇帝那裡講學，據載：

「一日講罷未退，上忽起憑檻，戲折柳枝，先生進曰：方春發生，不可無故摧折。上不悅。」

他讓他的學生們門外立於雪中，他又要皇帝就是柳條也不可無故摧折。

他是以道爲擔當。

他是以天下爲己任。

他說：

「人倘有朝聞道夕死可矣」之志，則不肯一日安於其所不安也，何只一日，須臾不能。如曾子易簀，須要如此乃安。人不能若此者，只爲不見實理。實理得之於心，自別。若耳聞口道者，心實不見。若見得，必不肯安於所不安，又如王公大人，皆能言軒冕外物，及其臨利害，則不知就義理，卻就富貴，如此者，只是說得，不實見。及其蹈水火，則人皆避之，是實見得。須是見不善，如探湯之心，則自然別。得之於心，是謂有得，不待勉強，然學者則須勉強。古人有捐軀殞命者。若不實見得，烏能如此？須是實見得，生不重於義，生不安於死也。故有殺身成仁者，只是成就一個是而已。」

他以道爲擔當，那是因爲他「實理得之於心」，那是因爲他要「成就一個是」。

據載：

「先生在經筵，每當進講，必宿齋預戒，潛思存誠，冀以感動上意。而其爲說，常於文義之外，反覆推明，歸之人主。」

又據載：

「先生容貌莊嚴，於上前不少假借，時文潞公彥博，以太師平章重事，侍立終日不懈。上雖諭以少休，不去也。或謂之曰：君之嚴，視潞公之恭，孰爲得失？先生曰：潞公四朝大臣，事幼主，不得不恭，吾以布衣職輔導，亦不敢不自重也。」

他之以道事君，那是由於他要想以道輔政。他之以道自任，他之「不敢不自重」，那是由於他把握著一個道統，他不能不以道統自居。

程明道嘗謂曰：

「異日能使人尊嚴師道者，吾弟也。若接引後學，隨人才而成就之，則予不得讓焉。」

程明道是把道融化於一己的生命之中，而程伊川則是把自己的生命客觀化於道之內，這使程明道儘可以「以誠敬存之」，而程伊川卻不能不時時刻刻要「心存誠敬」。

據載：

「貶涪州，渡江中流，船幾覆，舟中人皆號哭。先生獨正襟安坐如常，已而及岸，同舟有父老問曰：當船危時，君獨無恐怖色，何也？曰：『心存誠敬耳。』」

這「心存誠敬」在道之本身上，會多出一點什麼來。這多出一點，就「天地無憂」說，會是不必要，但就「聖人有憂」上說，卻不能不要。把一己的生命客觀化於道之內，這便使道更因生命而凸顯。這使道更因生命而凸顯，便是使道附於師，而使人尊嚴師道，在這裡，便不僅僅是要讓肉身成道，而且是要再回過頭來，讓道成肉身，這裡多有了一個轉折，所以就必然要多出一點什麼來。於是由道之浩浩中，便闢出一條道路來。當尹彥明問他如何是道時，他即答道：

「行處是。」

這行處是一條路徑，這一路徑是由天道而人道，由人道而師道，更由師道而來一個道統。然在這樣一個道的系統裡，天道固因聖道而顯，人道更因聖道而成，其所謂師道，其實只是聖道之推衍，必須因聖道而尊。當人人以聖爲志時，便是人人以其生命客觀化於道之中。這便是「大道之行」。在這裡僅僅是靠一己「接引後學，隨人才而成就之」，固有所不足。即全賴師道之尊而固持著一個道統，不予以推擴，則仍是有所不足。於是眞以道爲擔當，以天下爲己任者，便必思其道統與政統之能相輔而行，並從而思以其道的系統，再進而客觀化爲一政的系統。由前而言，是道統與政統之開。由後之說，是道統與政統之合。一開一合，固有賴於時勢之際會。惟糾纏不清，開合失常，則必導天下於大亂不已。人固可以「以道援天下」，但人亦未始不可誣以「以道殺人」。把道融化於一己生命之中，讓肉身成道，和把一己生命客觀化於道之內，讓道成肉身，其間大可供人思量之處，實是千載難言，萬古難說。

一個人的生命。總常常是要由自然生命之渾然，進入於道德生命之全，再由道德生命之全，更進入藝術生命之渾全。但仍儘有其「不肯一日安於其所不安」之處，這便必然又要由藝術生命之渾全，一躍而進入於道德生命之大全。於此，方有其一種生命之極度的簡單化，到這時，所謂道成肉身，或肉身成道，就不容易更有言說了。

他以天下自任，士人歸其門者甚盛，他把道置於生命之上，獲得一個全世界而失掉了生命，會有什麼好處呢！這事他會清清楚楚。但頂上了一個道，而壓下了生命，會有什麼用處呢？他可不聞不問了。他臨死時門人進曰：

「先生平日所學，正今日要用。」

他即回答道：

「道著用，便不是。」

他議論褒貶，無所顧避。蘇東坡在翰林，有重名，一時文士多歸之。這些文士們不樂拘檢，而反以他爲迂，攻擊他，詆毀他。這會令人想起基督教聖經中所述及的一些法利賽的文士們。這些文士們於議論，總欲直己，這照伊川的解釋則爲：

「固是氣不平，亦是量狹。人量隨識長，亦有人識高而量不長者，是誠實未至也。大凡別事，人都強得，惟識量人強不得。今人有斗筲之量；有釜斛之量，有鐘鼎之量，有江河之量，江河之量亦大矣，然有涯，有涯則有時而滿，惟天地之量則無滿，故聖人者，天地之量也，聖人之量，道也。常人有量者，天資也。天資有量者，須有限。大抵六尺之軀，力量只如此，雖欲不滿不可得，然唯知道者，量自然宏大，不勉強而成。今人有所見卑下者，無他，亦是識量不足也。」

蘇東坡一類的文士，雖然多少不無天資，然所見畢竟卑下，但又不安於卑下，而偏偏要自立門戶，另張旗鼓，此在個人，是識量不足，而於天下，則是大大地壞了不少的事情。文人們常只能安於其自然生命之渾然，並樂此渾然，而誤以爲是「渾然與物同體」，誤以爲是「仁」，誤以爲是「道」，實則其停滯而勿進自毀其向上一機，那只能是以苟道爲道，以一時湧出之情感爲仁，並以「與物無分」，爲「與物同體」。其敗壞天下之處，眞是不一而足。有一人問伊川：

「作文害道否？」他即說：

「害也。凡為文不專意則不工，若專意則志局於此，又安能與天地同其大也？書云：玩物喪志，為文亦玩物也。呂與叔有詩云：學如元凱方成癖，文似相如亦類俳。獨立孔門無一事，只輸顏氏得心齋。此詩甚好。古之學者惟務養性情。其他則不學。今為文者，專務章句，悅人耳目，既務悅人，非俳優如何？」

又有人問，「詩可學否？」他答道：

「既學詩，須是用功，方合詩人格，既用功甚妨事。古人詩云：吟成五個字，用破一生心。又謂可惜一生心，用在五字上。此言甚當。」

他又嘗說：

「王子眞曾寄藥來，某無以答他，某素不作詩，亦非是禁止不作，但不欲為此閒言語。且如今能言詩，無如杜甫，如云穿花蛱蝶深深見，點水蜻蜓款款飛，如此閒言語，道出做甚？某所以不嘗作詩。今寄謝王子眞詩云：『至誠通化藥通神，遠寄衰翁濟病身。我亦有丹君信否？用時還解壽斯民。』子眞所學，只是獨善，雖至誠潔行，然大抵只是為長生久視之術，只濟一身，因有是句。」

其實「挑水砍柴，莫非妙道」，六經是天下至文，而伊川寄王子眞之詩，亦是好詩。又何嘗害道，何嘗妨事？只不過聖人以此言志，抒發胸中所蘊，且「觀乎天文，以察時變，觀乎人文，以化成天下」，而文人們卻只能以作文作詩爲本領，並以此本領而糟蹋其性情、斲喪其生命，此其所以爲玩物喪志，而無由臻於妙道。人每以此認伊川爲不要詩文，並認其「不啜茶亦不識畫」，爲不能由一個人的道德生命之全，進入於一個人的藝術生命之渾全，惟如能眞識伊川之心，則所謂「我亦有丹君信否？用時還解壽斯民」。其不願以道德生命之全與夫藝術生命之渾全，「只濟一身」，那實是由於他亟亟於想由一個人的道德生命之全，一躍而直抵於一個人的道德生命之大全裡，以讓道成肉身，並以天地爲量，以道爲量。蘇東坡等人之安於文士，並自炫其文事之本領，以駭世俗，以驚動天下，此在伊川視之，只是無志，只是所見卑下。

文士們害事。還有一些所謂「先知」們，也害事。這所以害事，是由於害道。就如王子眞，有一日伊川入嵩山，王子眞已候於松下。伊川問他，「何以知之？」他答道：

「去年已有消息來矣。」

蓋伊川前一年嘗欲往，以事而止，但這事並無人告訴王子眞。王子眞是所謂先知。人家爲此問伊川：

「方外之士，有人來見他，能先知者，有諸？」

伊川答道：

「有之，向見嵩山董五經能如此。」（按伊川訪董不値，途遇老人曰：君非程先生乎？伊川異之，曰：先生欲來，信息甚大，某將入城，置少茶果）。

問何以能爾，曰：

「只是心靜，靜而後能照。」

又問聖人肯爲否？曰：

「何必聖賢？使釋氏稍近理者，便不肯爲。釋氏常言庵中坐，卻見庵外事，莫是野狐精？釋子猶不肯爲，況聖人乎？」

文士們害事，是由於不知道。人問：「前世所謂隱者，或守一節，或敦一行，然不知有知道否？」

伊川就說：

「若知道，則不肯守一節一行也。如此等人，鮮明理。多取古人一節事專行之。孟子曰：服堯之服，行堯之行，古人有殺一不義，雖得天下不爲，則我亦殺一不義，雖得天下不爲，古人有高尚隱逸，不肯就仕，則我亦高尚隱逸不仕。如此等，則仿傚前人所爲耳，於道鮮自得也。是以東漢尚名節，有雖殺身不悔者，只爲不知道也。」

隱者不知道，先知連釋子亦不爲。而文士們則更日蹈於大惡，而不自知。文士們疾伊川如仇，與其黨類，巧爲詆毀。而按蘇東坡奏狀，亦自云臣素疾程某之姦，未嘗假以辭色。諫議大夫孔文仲更奏伊川「汙下憸巧，素無鄉行。經筵陳說，僭横忘分，徧謁貴臣，歷造臺諫，騰口閒亂，以償恩讎，致市井目爲五鬼之魁，請放還田里，以視典刑」。於是伊川便屢乞致仕，並極論儒者進退之道。而監察御史董敦逸又奏以爲有怨望輕躁語，他終以黨論削籍，竄涪州。其門人謝良佐告訴他是「族子公孫與邢恕之所爲爾」。他即說：

「族子至愚，不足責，故人情厚，不敢疑。孟子既知天，焉用尤藏氏？」

他後來自涪州歸，據載：「氣色容貌髭鬚，皆勝平昔。」門人問何以得此，他說：

「學之力也，大凡學者，學處患難貧賤，若富貴榮達，即不須學也。」

又據載：

「伊川先生自涪州歸，過襄州，楊畏爲守，待之甚厚。先生曰：某罪戾之餘，安取當此？畏曰：今時事已變。先生曰：時事雖變，某安敢變？」

說頂上了一個道，而會壓下了生命，那是在道以外的人們對伊川個人的過慮。文士們害伊川，族子害伊川，而「故人」也害了伊川。這在伊川看來，全沒有什麼。程明道說惟善變通，方是聖人。只不過伊川自涪州歸，氣色，容貌髭鬚皆勝平昔，這難道還不是「惟善變通」嗎？人家看來，伊川永遠是伊川，只是伊川日與道遊，以事於學，其得力於學處正其與日俱新，亦是他與日俱健處，他安敢變？他對門人張繹說：

「吾受氣甚薄，三十而浸盛，四十五十而後完，今生七十二年矣，校其筋骨，於盛年無損也。」他又說：

「人待老而求保生，是猶貧而後蓄積，雖勤，亦無補矣。」

當張繹問他是不是「以受氣之薄，而後為保生」時，他默然曰：

「吾以忘生徇欲，為深恥。」

程明道嘗曰：「熙寧初，王介甫行法，並用君子小人，君子正直不合，介甫以為俗學不通世務斥去，小人苟容諂佞，介甫以為有才知變通，適用之。……君子既去，所用小人，爭為刻薄，故害天下益深，使眾君子未與之敵，俟其勢久自緩，委曲平章，尚有聽從之理，則小人無隙可乘，其害不致如此之甚也。」而伊川亦嘗言：「今日之禍，亦是元祐做成。」在道與政之兩個系統糾纏不清，兩相排拒之際，惟善變通，以使其能開合自在，而獲天清地寧，這方是聖人。但亦惟不善變通，以退處於兩者糾纏之外，而思有以全此道之全，這方是正人。文士們如蘇東坡等之氣盛心粗（朱子語）知德者鮮，固不足以語變通，亦不足以語不變，必至「忘生徇欲」，而不自知。他們只能待天下已危，而事狂叫，他們只能待自身已老，而求保生，他們那裡會知道「生平不啜茶」是什麼心情？他們那裡會知道「亦不識畫」是什麼境界？王介甫是文士們之剛愎自用者，而其爲惡猶爲陽惡。若東坡等之脫岸破崖，自以爲通達，自以爲名士，實亦是文士中之賊天下者，其爲惡雖不易見，而其爲禍則深且長。

據載：

「伊川沒，洛人畏黨禍，送喪惟四人，曰張繹，范域，孟厚，尹焞。又暮薄出城，迄夜方至者，爲邵溥，迨晦庵朱先生始訪其事爲年譜。」

經文士們之扇揚，黨禍一起，遂使天下終於不可收拾，而思以道援天下者，竟亦被誣爲以道殺人。其實道如至於殺人，則生平不啜茶，亦不識畫，豈不成了殺人的準備麼？

據載：

「伊川涪陵之行，過灩澦波濤中，舟人皆失措，伊川凝然不動。岸上有樵者厲聲問曰：捨去如斯，達去如斯。方欲答之，而舟已行。」

實則，其生平不啜茶，豈非捨去如斯？其本人之亦不識畫，豈非達去如斯？道之難說，千古皆然，方欲答之，而舟已不知行於何處了。

八、張橫渠的「即日輟講」

朱子贊橫渠像曰：

「早悅孫吳，晚逃佛老，勇撤皋比，一變至道。精思力踐，妙契疾書，訂頑之訓，示我廣居。」

據載：

「先生少孤，自立，志氣不群，喜談兵，因與邠人焦寅遊。當康定用兵時，年十八，慨然以功名自許，欲結客取洮西之地。」

他於是上書給范文正公仲淹。范仲淹是當時的宰相，又是在秀才時，即以天下爲己任，而常自言要「先天下之憂而憂，後天下之樂而樂」的人。他看到了天下在當時雖是治平，可是慢慢地下去，問題多得很，固不僅是邊疆多事而已。他極留心著天下第一等的人，去解決著天下最爲根本的事。他知道比軍事更爲根本的是政治，比政治更爲根本的是文化。而文化上的問題，最根本的還並不是一個知識的問題，或思想的問題，或腦的問題，而實在是一個智慧的問題，或性情的問題，或心的問題。普天之下的事情的處理，是靠知識，是靠思想，是靠頭腦。而天下的問題的解決，則靠的全是智慧，靠的全是性情，靠的全是心。范仲淹苦苦地留心著天下的問題，因之，更苦苦地留意著天下的人，更苦苦地留意著天下的心。在茫茫的大地之上，在悠悠的蒼天之下，究有誰能為天地立心？只有能為天地立心，方能為生民立命。只有能為生民立命，方能為往聖繼絕學，只有能為往聖繼絕學，方能為萬世開太平。為萬世開太平，會有無限的事。為往聖繼絕學，會有無限的事。為生民立命，會有無限的事。但為天地立心，卻只有一件事。范仲淹先天下之憂而憂，後天下之樂而樂，他為了無數無數的事，而憂愁不樂，可是他知道最不可少的，只有一件事。因之，他也知道了最不可少的，會只是一個人。卻好，張橫渠上書給范仲淹了。這一來，可眞的是天下的第一件大事。最不可少的一個人，是到了眼前。最不可少的一件事，也由久久橫亙在心頭，而一下子呈現在眼前。據載范仲淹在一見之下，就知道張橫渠之為「遠器」，所以就責之曰：

「儒者自有名教可樂，何事於兵？」

於是范仲淹就將《中庸》一書授給了張橫渠。而張橫渠便也就知道了，為了天下的事，就須得著眼於天下的人；為了天下的人，就須得著眼於天下的心；而為了天下的心，就又須得著眼於天下的道。這才使張橫渠「幡然志於道」，由事於兵和「欲結客取洮西之地」，一轉而爲有事於道和欲此生終於到達著聖賢之域！

只不過到達著聖賢之域的路，總常常是要人們去摸索的。儘管到聖賢之域的路，是一條至爲平坦的大路，但人從萬古以來，其所過來的路，總常常是黑夜的路，因之，慣於夜行的人，也就習於摸索了。而且就是在一條至爲平坦的大路上，那也會是先要摸索一番的。《中庸》的路，是一「中道而行」的路，是一「中間用得著」去行走的路。既是一「中間用得著」去行走的路，那就是大道。既是一中道而行的路，那就是坦途。只不過，習慣於摸索著前進的人，卻總要去探一探兩旁有沒有用得著去行走的路，不管他行走的已是大道。又總要去找一找打別路而去的路，不管他踏上的原是坦途。

張橫渠在接受了范仲淹所授的《中庸》以後，據載：「又出入於佛老者累年。」終於他到了京師，見到了程明道和程伊川。二程兄弟於他爲外兄弟之子，算是晚一輩。據載：

「先生與語道學之要，厭服之。因渙然曰：

『吾道自足，何事旁求？』

於是盡棄異學，淳如也。當是時，先生已擁皋比，講易京邸，聽從者甚眾。先生謂之曰：

『今見二程至，深明易道，吾不及也，可往師之。』即日輟講。」

張橫渠的「即日輟講」，那會是「我有知乎哉？我無知也。」那會是「有鄙夫問於我，空空如也」。只不過一切空空，又一切凸顯。一切寂寂，又一切繁生。於是據程明道說：「張子厚聞皇子生，喜甚。見餓莩者，食便不美。」

周茂叔窗前草不除去，問之云：「與自家意思一般。」子厚後觀驢鳴，亦謂如此。

「聞皇子生，喜甚」，那是喜蒼生於有主之後，又繼之有主。見餓莩，食不美，那是因為餓莩而更想起了「為天地立心，為生民立命，為往聖繼絕學，為萬世開太平」的事，以致食焉而不知其味。驢鳴，那是簡單化到了極點，驢鳴空空，萬物與我交融。驢鳴寂寂，天地與我為一。驢鳴陣陣，一切是易而不易，變而未變，驢鳴不已，「有甚爾管得我，有甚我管得爾？教人致卻太平後，某願為太平之民」（程明道語）。子厚之意，又何嘗不是如此？

他嘗言「吾十五年學個恭而安不成」。明道云：

「可知是學不成，有多少病在？」

明道嘗與他在興國寺，講論終日，而曰：

「不知舊日曾有甚人，於此處講此事？」

此在吾人言之，舊日有他們在此處講此事；今則已無人在此處講此事。今後更不知是否仍無人在此處，講此事？學不成，會有多少病在？而學不明，更會有多少病在？此實難言了！

他著正蒙時，處處置筆硯，得意即書，明道云：

「子厚卻如此不熟。」

子厚謂程卿夙興幹事，良由人清氣則勤，閑不得，正叔謂不可，若此則是專爲氣所使。子厚謂此則自然也。伯淳言：雖自然，且欲凡事皆不恤以恬養則好。子厚謂此則在學者也。

據載：

「先生氣質剛毅，德盛貌嚴，然與人居，久而且親，其治家接物，大要正己以感人。人未之信，反躬自治，不以語人。雖有未喻，安行而無悔。故識與不識，聞風而畏。聞人之善，喜見顏色，答問學者，雖多不倦，有不能者，未嘗不開其端，可語者，必叮寧以誨之，惟恐其成就之晚。」

他謂范巽之曰：

「吾輩不及古人，病原何在？」

巽之請問，他便說；

「此非難語，設此語者，蓋欲學者存意之不忘，庶遊心浸熟，有一日脫然如大寐之得醒耳。」

他雖是「如此不熟」，但他卻是全副精神。就因爲是全副精神，所以便「閑不得」。閑不得，雖一方面是爲氣所使，但另一方面亦正是一股精神。就其是一股精神說，則是自然如此。於此，如思以恬養出之，俾至於熟，則在於學。全憑天資，終不濟事。氣質剛毅，德盛貌嚴，看來會是不熟，但「與人居，久而且親」，便終抵於熟。人不患不熟，惟患無所據守，及據守之而不能久。伊川曰：

「子厚以禮教學者最善，使學者先有所據守。」

「正己以感人」，方有所據。「安行而無悔」，所據方久。有所據，則聞風而畏。據能久，則喜見顏色。只須全副精神開其端，固不患其不熟，或恐其成就之晚。而且一個人果眞是「太熟」了，則於道亦每易走失。剛毅木訥之所以近仁，正因其不熟。由學而入，由禮而入，熟之所漸，終可大成。他說：

「關中學者，用禮漸成俗。」

伊川說：

「自是關中人剛勁敢爲。」

他說：

「亦是自家規矩大寬。」

明道謂才與誠一物，則周天下之治。他因謂：

「此何事於仁，必也聖乎？」

二程解窮理盡性以至於命，只窮理便是至於命。

他便說：

「亦是失於太快。此義儘有次序，須有窮理便能盡得己之性。則推類又盡人性。須是並萬物之性，一齊盡得，如此然後至於天道也。其間煞有事，豈有當下理會了。學者須是窮理爲先，如此則方有學。今言知命與至於命，儘有近遠，豈可以知便謂之至也？」

太熟了，便會失於太快，他的好處，就在於不太熟，所以就會不致失於太快。一失於太快，即易走失，即易流去，甚至滑去。此其爲病，亦是甚大。朱子稱：

「橫渠之學，苦心力索之功深。」

他正因爲不熟，所以就苦心力索。但亦正因爲苦心力索，所以其功便深。他作《西銘》，明道曰：

「此橫渠文之粹者也。」

人問：

「充得盡時如何？」

明道說：

「聖人也。」

又說：

「《西銘》，某得此意，只是須得子厚如此筆力，他人無緣做得。孟子以後，未有人及此。得此文字，省多少言語？要之仁孝之理，備於此。須臾而不如此，則便不仁不孝也。」

《西銘》所言，橫渠是否能充得盡？於此，明道曰：

「言有兩端，有有德之言。有造道之言，有德之言，說自己事，如聖人言聖人事也。造道之言，則智足以知此，如賢人說聖人事也。橫渠道儘高，言儘醇，自孟子後，儒者都無他見識。」他雖然不能就是聖人，但既有識於仁孝之理，有造道極高且深之言，孟子之後，無人能及，則其為一個人的完成，《西銘》一文亦不妨就是一個證據了。

《西銘》云：

「乾稱父，坤稱母，予茲藐焉，乃渾然中處。故天地之塞吾，其體。天地之帥吾，其性。民吾同胞，物吾與也。大君者，吾父母之宗子；其大臣宗子之家相也。尊高年，所以長其長，慈孤弱，所以幼其幼。聖其合德，賢其秀也。凡天下疲癃殘疾，惸獨鰥寡，皆吾兄弟之顛連而無告者也。於時保之，子之翼也。樂且不憂，純乎孝者也。違曰悖德，害仁曰賊。濟惡者不才，其踐形惟肖者也。知化則善述其事，窮神則善繼其志。不愧屋漏爲無忝，存心養性爲非懈。惡旨酒，崇伯子之顧養。育英才，穎封人之錫類。不弛勞而底豫，舜其功也。無所逃而待烹，申生其恭也。體其受而歸全者參乎？勇於從而順令者伯奇也。富貴福澤，將以厚吾之生也。貧賤憂戚，庸玉女於成也。存吾順事，沒吾寧也。」

這與其說是一篇體大思精的文字，實不如說是一篇純樸質實的文字。這文字沒有〈識仁篇〉、《定性書》一像水晶似的瑩澈，但卻儘其有一種古銅似的堅實。捫之作響，聽之有聲，筆力之健，直是「堂堂巍巍，壁立萬仞」，而又一下子「截斷眾流」，直抵龍穴。是全副精神，又是全副性情；是全副性情，也是全副心血。

程子曰：

「訂頑（《西銘》）立心，便可達天德。」

朱子並謂程門專以《西銘》開示學者。當楊龜山致書伊川，疑《西銘》言體而不及用，恐其流於兼愛時，伊川即說：

「橫渠立言，誠有過者，乃在《正蒙》。若《西銘》，明理以存義，擴前聖所未發，與孟子性善養氣之論同功，豈墨氏之比哉？《西銘》理一而分殊，墨氏則二本而無分，子比而同之，過矣。且謂言體而不及用，彼欲使人推而行之，本爲用也，反謂不及，不亦異乎？」

橫渠自云：

「吾學既得之於心，則修其辭命。辭命無差，然後斷事。斷事無失，吾乃沛然。」

有全副精神，方能得之於心。有全副性情，方能辭命無差。同樣，亦惟有全副心血，方能斷事無失，而無差無失，方能沛然。

由於他的「勇撤皋比」，所以他方能「一變至道」。

由於他的「精思力踐」，所以他方能「妙契疾書」，而有《西銘》。

《西銘》的氣象，那眞是天高地厚，這就無怪乎他要嘗說著「爲天地立心，爲生民立命，爲往聖繼絕學，爲萬世開太平」了。

只不過，他這《西銘》的氣象的根源，卻又不能不歸於他的「即日輟講」。有「即日輟講」的擱下乾坤，方有「天高地厚」的提出《西銘》。

惟其自任之重，始能「即日輟講」。

惟其自任之重，始不輕與人言學。

但當明道對他說了如下的話時：

「道之不明久矣，人各善其所習，自謂至足，必欲如孔門不憤不啓，則師資勢隔，道幾息矣。隨其資而誘之，雖識有明暗，志有深淺，亦皆各有得焉。」

他便採用了以上的話，他所至搜訪人才，惟恐失其成就，故關中學者鬱興。他教人道：

「夜間自不合睡，只爲無可接應，他人皆睡了，己不得不睡。」

這便使朱子道：

「學者少有能如橫渠輩用功者，近看得橫渠用功最親切，眞是可畏。」

只因「他人皆睡了，己不得不睡」，這眞像是只因孩子們睡熟了，父母的兩眼，方始合上。這眞像是只因人間須得休息了，天地的夜幕，方始低垂。有橫渠的如此用功，方有《西銘》的如此氣象。用心不同，用功自別。用功自別，氣象自別。只要有「無所逃而待烹」之心，就會有「望耶路撒冷而痛哭」之意。只要有「望耶路撒冷而痛哭」之意，就會有「存吾順事，沒吾寧也」之情。只要有存順沒寧之情，則「乾稱父，坤稱母，予茲藐焉，乃渾然中處」，而「一切只要依照父的意思，不要依照我的意思」，便又會是自然而有的事。這實是由「無所逃而待烹」，以歸諸天地。橫渠於此，不能不說是特富於宗教精神。惟此一蘊於內心深處之宗教精神，於橫渠竟一轉而爲「太虛爲清，清則無碍，無碍故神」（《正蒙》）的意識。由此更一轉而爲「清明在躬」，遂確乎認定天國只在人間，而要立心，立命，繼絕學，開太平，以其全副之道德精神，涵蓄含蘊一切。因之而民胞物與，長其長，幼之幼，樂且不憂，述事繼志，存心養性，惡旨酒，育英才，歸全順令，不弛勞而底豫，付一切以價值；富貴福澤，貧賤憂戚，以至生死存歿，莫不有絕大崇高之意義，而無非所過之化。邵康節病革，且言「試與觀化一遭」。橫渠便對明道說：

「觀化他人，便觀得自家，自家又如何觀得化？嘗觀堯夫詩意，纔做得識道理，卻於儒術未見所得。」

一個是由藝術精神而入，一個是由宗教精神而出，此中一入一出，眞是大有出入。伊川說：

「某見居位者，百事不理會，只恁箇大肚皮，於子厚卻願耐煩處之。」

伊川又說：

「某接人治經論道者，亦甚多，肯言及治體者，誠未有如子厚。」

有橫渠的如此用功，方有《西銘》的如此氣象。有《西銘》的如此氣象，方有橫渠的如此力量。橫渠處處表現出一種力量，肯言及治體，是一種力量。「願耐煩處之」，是一種力量。所至搜訪人才，是一種力量。即日輟講，也正是一種力量。朱子說他「直是可畏」。他這種力量是全副精神的力量，也是全副道德的力量：是心力又是性情之力。這力不能不畏。

他仕爲雲巖令，「教令出，雖僻壤婦人孺子畢與聞，俗用丕變」。

神宗召對，問治道，他對曰：

「爲治不法三代，終苟道也。」

王安石執政，對他說：

「新政之更，懼不能任，求助於子何如？」

他說：

「公與人爲善，孰敢不盡？若教玉人琢玉，則固有不能者矣。」

他告他的學生說：

「學必如聖人而後已。」

他又告諸生道：

「知人而不知天，求爲賢人而不求爲聖人，此秦漢以來，學者之大蔽也。」

他使關中風俗一變而至於古。這使伊川亦謂：

「洛俗恐難化於秦人。」

有人言郭璞以鳩鬥占吉凶，他即說：

「此爲誠實信之，所以就而占得吉凶。」

什麼事，在他都認爲是誠實信之之所就。這眞是所謂「不要怕，只要信」。這誠實信之，會生出力量，同時，這誠實信之之本身，也正是一種力量。力量生出力量，性情引發性情。說「完成」，就是整個的完成。一個人的完成，是一個人的整個完成，所以說：「學必如聖人」。一個國家，以至一個天下的完成，是一個國家以至一個天下的整個完成，所以說爲治必法三代。

他「慨然有志於三代之法，以爲仁政必自經界始」，他「與學者將買田一方，畫爲數井，以推明先王之遺法，未就『而卒』。他卒前，『中道疾作』，抵臨潼，沐浴更衣而寢，旦視之，逝矣。」

逝者如此，囊笥蕭然。且問：這裡會有寂寞麼?當一回想他年十八，欲結客取洮西時，這裡會有寂寞。但是當再一回想他「即日輟講」之際，這裡也不過是他的又一番「即日輟講」而已。

他說：「他人皆睡，己不得不睡。」果眞如此，那便是只因人皆有死，所以他便不得不逝去一番。對他說，存是順事，沒是安寧。既是安寧，便不是寂寞。由范仲淹的授他以中庸，到他的「爲天地立心，爲生民立命，爲往聖繼絕學，爲萬世開太平」，在這一過程裡，既沒有掀天動地，又如何會有寂天寞地呢?他第一次的即日輟講，是心安理得。他這「沐浴更衣而寢，且視之，逝矣」的第二次的「即日輟講」，那會是天清地寧！天清地寧，心安理得，「示我廣居」，壽我家國。

九、朱晦庵的「吃飯，不做事，無道理」

方伯謨勸朱晦庵少著書，他回答道：

「在世間喫了飯後，全不做得些子事，無道理。」

據載他是：

「初居崇安五夫，築書院於武夷之五曲。榜曰紫陽。識鄉關也。後築室建陽蘆峰之巔，曰雲谷，其草堂曰晦庵，自號雲谷老人，亦曰晦庵，或晦翁。晚居考亭，作精舍曰滄洲，號滄洲病叟。最後曰遯翁。」

他說：「人之所以懶惰，只緣見此道理不透，所以一向提掇不起。若見得道理分明，自住不得。豈容更有懶惰時節邪？」

又謂：

「海內善類消磨摧落之後，所存無幾，此誠可嘆。若鄙意則謂纔見消磨得去，此等人便不濟事。若使眞有所見，實有下工夫處，則便在鐵輪頂上轉旋，亦如何動得他？」

他說他「嘗語此語朋友，孟子一生忍窮受餓，費盡心力，只破得枉尺直尋四字。今日諸賢苦心勞力，費盡言語，只成就枉尺直尋四字，不知淆訛在甚麼處？此語無告訴處，只得仰屋浩嘆也。」

他要著書，他要晦，他要遯，他絕不懶惰，他就是在鐵輪頂上轉旋，也動不得他。這都是爲的要破得四個字，那就是「枉尺直尋」。他像是一生有話無告訴處，他「只得仰屋浩嘆」！沈叔晦說：

「晦翁是進退用捨，關時輕重者，且願此老無恙。」

宋室南渡，一切殘破，殘破之餘，流於不敬。一個不敬的時代，是一個空虛而又思逞強的時代。一個不敬的時代，是一個無神而又希求著奇蹟的時代。大家惶惶然不可終日，大家把「杭州作汴州」。痛定之後，竟不復思痛。大家的心情緊緊，可是大家的兩眼低垂。大家擔心著北方遊牧民族之鐵騎的到來，竟有如擔心著一種神的震怒。大家都一致回憶著中原，但大家對中原的回憶，竟逐漸模糊得透頂。大家的父母，竟都是一個一個的死亡。大家的親友，竟都是一陣一陣的凋落。大家是流落得夠了。大家竟都願意停一停。只不過，這一停，竟讓老人們的骸骨，永留在異鄉，到諸孩子們由長而壯，由壯而老之際，又是一批骸骨永留在異鄉。大家不願意一下子就葬埋著骸骨在異鄉異土之中，於是停著靈柩在屋前屋後或在寺廟之內。一日一日的過去，一年一年的下去，活著的人既連中原的回憶都模糊，死了的人，又如何能再向中原自行運回其棺木？大家都像在那裏一致希求著奇蹟。可是什麼是奇蹟呢？更如何會有奇蹟呢？沒有人會去想一想，也沒有人會去試一衡量。大家會逢人便問：也有什麼消息嗎？大家會逢人便問：可有什麼新聞嗎？可是什麼叫做消息，什麼才算新聞？大家是不聞不問，大家是不知不曉。而且大家還會奇怪著：這也要去聞問，這也要求知曉嗎？大家竟像是愈來愈聰明，大家竟像是愈來愈靈活，大家竟像是愈來愈漂亮。大家全不知道這所謂聰明靈活漂亮等等，都只不過一律代表著兩個字，那就是麻木。所謂空虛而思逞強的時代，那是僵化了的時代。所謂無神而希求著奇蹟的時代，那是乾枯了的時代。這僵化乾枯，就是麻木。這麻木就是不仁。這不仁就是不敬。不敬的時代，是不仁的時代，也就是麻木的時代。這實在是一個可怕的時代！這實在是一個嚴重的時代！在那時代裡，總會有一種人的震怒，像神的震怒。也總會有一種神的震怒，像人的震怒。而且震怒是必須的；在這裡，有一個人，他的「進退用捨」，實在是一如沈叔晦所言，乃「關時輕重者」。這人就是朱晦庵。由不敬的時代所引發出來的，第一是無知無識無心肝，第二便是龐雜。對著龐雜，他要主一，他說：

「纔主一，便覺意思好。卓然精神。不然便散漫蕭索了。」

對著無知無識無心肝，他要窮理，他說：

「學者讀書，須是於無味處，當致思焉，至於群疑並興，寢食俱廢，乃能驟進。因嘆驟進二字，最下得好，須是如此，若進得些子，若進若退，若存若亡，不濟事。如用兵相殺，爭得些兒小可一二十里地，也不濟事。須大殺一番，方是善勝。為學之要，亦是如此。」

他便說：

「直須抖擻精神，莫要昏屯。如救火治病然，豈可悠悠歲月？」

但他又說：

「理義無窮，才知有限，非全放下，終難湊泊。然放下正自非易事也。」

對著不敬，他要居敬。他說：

「以敬為主，則內外肅然。不忘不助，而心自存。」

他又說：

「整齊收斂這身心，不敢放縱，便是敬。」

他更說：

「惺惺乃心不昏昧之謂，只此便是敬。」

他這些話，說來是如此平平，說來是如此淡淡，說來是如此冷冷，說來是如此清清。但這平平處，正是一番震怒；這淡淡處，正是一種奇蹟；這冷冷處，正是無數新聞；這清清處，正是無限消息。消息是天地間的盈虛消息，可是在不敬而空虛逞強的時代裡，卻認消息只是戰場的消息，市場的消息，以至官場考場，甚至屠場小菜場的消息。新聞是萬古長新的「行其所知，尊其所聞」的新聞。可是在不敬而僵化乾枯的時代裡，卻認新聞只新近發生的不正常的事物，才是新聞，於是越是不正常，便越是新聞。一個人好好的生著，有意義，有價值的心存萬古，一念萬年地活著，這絕不是新聞；倒是一個人病了死了，或是出了什麼岔子，才是新聞，而且越是病得古怪，死得離奇，所生的岔子，出得不堪聞問，才越是新聞。說到奇蹟，聖哲們的人各一太極，物各一太極，每一個人都是生活在無限和永恒裡，每一個事物的存在，都是一個無限和永恒的存在，這不會構成奇蹟，倒是叫化子於無意中拾得一兩分銀子，卻大大的構成了一種奇蹟。時代的心是如此窒息；人的心，是如此窒塞。這又何怪乎天地閉，賢人隱和一番震怒的必然到來？要知震怒，畢竟是平平，奇蹟畢竟是淡淡，新聞畢竟是冷冷，消息畢竟是清清。只有如此，才會是天清地寧。只有如此，才不會是地凍天寒。只有如此，才會是風輕雲淡。只有如此，才不會是地覆天翻。於此，他「卓然精神」。於此，他「抖擻精神」。於此，他「全放下」。於此，他「內外肅然」。他為詩道：

「半畝方塘一鑑開，天光雲影兩徘徊，問渠那得清如許？為有源頭活水來。」

時代是不敬的時代。不敬的時代，成了死水。而他這一「主一」，這一「窮理」，這一「居敬」，卻於死水中，頓成了活水。這活水是什麼呢？這活水就是心。「逝者如斯夫，不捨晝夜」。此心如斯夫，亦不捨晝夜，並不捨古今，不捨天下，不捨後世」。他說：

「看來當先說心。」

他又說：

「凡學先要明得一個心，然後方可學。譬如燒火相似，先吹發了火，然後加薪，則火明矣。若先加薪，而後吹火，則火滅矣。某這裡，須是事事從心上理會起。」

事事從心上理會起，這是如何的一種言語！只這一言語，便是「源頭活水」，潺潺而至，滮滮而來。他所以要著書，是因爲他要「先說心」，他已經是說罷聖心，連篇累牘。他所以覺得「吃飯，不做事，無道理」，那是由於他「從心上理會起」。要如此才安，要如此才不安，這便是他的「事事從心上理會起」。他的門人黃勉齋說他是這樣的：

「其爲學也，窮理以致其知，反躬以踐其實。居敬者，所以成始成終也。……終日儼然，端坐一室，討論典訓，未嘗少輟，……從遊之士，述誦所習，以質其疑，意有未喻，則委曲教之而未嘗倦。問有未切，則反覆誡之而未嘗隱。務學篤，則喜見於言，進德難，則憂形於色。講論經典，商略古今，率至夜半。雖疫病支離，至諸生問辯，則脫然沉疴之去體。

一日不講學，則惕然常以爲憂。摳衣而來，遠自川蜀，文辭之傳，流及海外，至於荒裔，亦知慕其道，竊問其起居，窮鄉晚出，家蓄其書，私淑諸人者，不可勝數，……」

他病了，人家勸他將息養病，他說：

「天生一個人，便須管著天下事，若要不管，須是如楊氏，爲我方得，某卻不曾去學得這般學。」

人家又勸他謝賓客，以事休養，他說：

「人每不願見客，不知他是如何？若使某一月不見客，必須大病一月。」

只因爲覺得「吃飯，不做事，無道理」，他便主了「一」。

只因爲覺得「吃飯，不做事，無道理」，他便窮了「理」。

只因爲覺得「吃飯，不做事，無道理」，他便居了「敬」。

而且只因爲覺得「吃飯，不做事，無道理」，他便由主一，窮理，居敬，而挽救了一個不敬的時代，並擋住了由北而來的一個不敬的遊牧民族。只不過這一個不敬的遊牧民族萎縮了，另一個不敬的遊牧民族又來了。對華夏而言，糾正著不敬的時代，和抵抗著不敬的民族，那是兩個不斷而經常的工作。前一個不斷而經常的工作，是義利之辨。後一個不斷而經常的工作，是華夷之分。在北宋，由安定泰山而伊川橫渠，曾經糾正了一個不敬而疲憊的時代，並曾抵住了一個不敬而終於萎縮了的民族。到了南宋，讓朱晦庵所面臨著的時代和面對著的民族，是一個更甚的不敬的時代，是一個更甚的不敬的民族。不敬的時代，每每是愈來愈流走。不敬的民族，每每是愈來愈瘋狂，因之，對一個會感覺到「吃飯，不做事，沒道理」的人，在心情上，總每每會是愈來愈沉重，且更由此而思及人間之「學」的所以爲學。「天生一個人，便須管著天下事」，這實在是學之所以爲學。「若使某一月不見客，必須大病一月」。這正是「惟鳥獸不可與同群，吾非斯人之徒與而誰與」？於此，學之所以爲學，實是人之所以爲人。「吃飯，不做事，無道理」，既是人之所以爲人，則「主一窮理居敬」，便必然會是學之所以爲學。窮理所以致知，反躬所以實踐，居敬所以成始成終，而主一則是所以簡單化。時代日趨於繁複，民族日趨於文明，於此，而化繁爲簡，使文猶質，則學術之大用，便不能不是讓一切趨於簡單化。他終日儼然，端坐一室是簡單化。他討論經典，未嘗少輟，是簡單化。他商略古今，率至夜半，是簡單化。他「一日不講學則惕然而憂」，是簡單化。他原本有內心的無限複雜性，但他終於是日趨於簡單化。他最了然於「放下正非易事」，但他又最了然於「非全放下，終難湊泊」。這便是他所以能日趨於簡單化。

但他於《大學格物補傳》中，卻說：

「所謂致知在格物者，言欲致吾之知，在即物而窮其理也。蓋人心之靈，莫不有知，而天下之物，莫不有理，惟於理有未窮故其知有所不盡也，是以大學始教，必使學者即凡天下之物，莫不因其已知之理而益窮之，以求至乎其極。至用力之久，而一旦豁然貫通焉，則眾物之表裡精粗無不到，而吾心之全體大用無不明矣。此謂物格，此謂知之至也。」

這裡即物而窮其理，正表示其內心的無限複雜性。正因此心之複雜性，可至於無限，所以此心之希求著簡單化，也可達於一點。他自言「某十五六時亦曾思禪學」。他思禪學，那也不過是表明著他亟亟於希求著簡單化。禪的放下一切，開脫一切，終是一大本領，一大手法和一大魄力，心情是智者的心情，行徑是豪傑的行徑。這都會是十五六歲的他，所嚮往的。他十九始登第，他赴考時，還看宗杲禪師的語錄。他在二十四歲時，始從學於李侗，這纔把禪擱起。這纔進一步知道「居敬而行簡」，終有別於「居簡而行簡」。他說：

「李先生終日危坐，而神采精明，略無隤墮之氣。」

他又說：

「李先生初間，也是豪邁底人。夜醉，馳馬數里而歸。後來養成徐緩，雖行一二里路，常委蛇緩步，如從容室中。」

他並說李先生涵養得自是別。眞所謂不爲事物所勝。他更稱李先生不著書，不作文，頹然若一田夫野老。

試想：這頹然若一田夫野老，是如何的一種簡單化？這不爲事物所勝，是如何的一種簡單化？李侗的先生是羅從彥。李侗見了羅從彥以後退而屏居，簞瓢屢空，凡四十多年。而羅從彥與程伊川的弟子楊時，即程門立雪者，在初見時，即驚汗浹背。曰：

「不至是，幾枉過一生矣。」

楊時講《易經》，舉程伊川之說。羅從彥鬻田裹糧，去洛陽見程伊川，回來以後，就摳衣侍席於楊時，凡二十餘載。彼此竟都是如此爲了一個道的追求，爲了一個人的完成，極其簡單化的來，極其簡單化的去，極其簡單化的行，極其簡單化的住。而且一住是二十餘載，又一住是四十多年。至朱晦庵之從遊於李侗，也是凡十年，晉謁凡四次。

羅從彥要李侗於靜中看「喜怒哀樂之未發謂中」，未發時作何氣象？李侗也用這樣一句話去教著朱晦庵。起初不懂。他說：

「當時既不領略，後來又不深思，遂成蹉過，孤負此翁。」

其實，當他說這話時，他已經是深深的領略，並一再地深思，而有當於心，不負此翁了。而且就因爲這樣，他便說他自己三十年前長進，三十年後長進得不多。這表明羅從彥教李侗，李侗教他的這一句話，是如何的打下了他一生的簡單化的基礎！

要問什麼是人生？人生就是喜怒哀樂。有喜怒哀樂，方可見出人生。亦惟有喜怒哀樂，方可見出天地。春夏秋冬是喜樂，是哀怒。而「天何言哉，四時行焉，百物生焉，天何言哉？」則是此喜怒哀樂之未發之謂中。所謂未發，不是「未行」，也不是「未生」，而只是行而不自知，生而不自覺在變化裡有常，在多裡有一，在複雜裡有簡單化。到了萬化歸身，萬變歸常時；到了乾坤在手，萬彙爲一時；又到了一致百慮，殊途同歸時，這便是何思何慮？這便是無臭無聲。這便是「天何言哉」？這也便是簡單化到了「純亦不已」。亦即簡單化到了「惟天之命，於穆不已」！

一個人在「惟天之命，於穆不已」裡，可以看出「中」。一個人在「純亦不已」裡，可以看出「中」。因之，一個人在喜怒哀樂之未發裡，也儘可以看出那就是所謂「中」。「終日危坐而神采精明」，是中的氣象。「委蛇緩步如從容室中」，是中的氣象。而「在世間喫了飯後，全不做得些子事，無道理」的痛切之感，也正是中的氣象！

他對孝宗皇帝上書道：

「帝王之學，必先格物致知，以極夫事物之變，使義理所存，纖悉畢照，則自然意誠心正，而可以應天下之務。」

他又道：

「金人於我，有不共戴天之讎，則不可和也明矣。願閉關絕約，任賢使能，立紀綱，厲風俗，俟數年之後，國富兵強，徐起而圖之。」

因大旱，他更上疏曰：

「天下之務，莫大於恤民，而恤民之本，在人君正心術以立紀綱。」

嗣後他又入奏曰：

「願陛下自今以往，一念之頃，必謹而察之，無一毫之私欲，得以介乎其間，而天下之事，將惟陛下所欲爲，無不如志矣。」

據載：

「是行也，有要之於路，以爲正心誠意之論，上所厭聞，戒勿以爲言。先生曰：吾生平所學，惟此四字，豈可隱默以欺吾君乎？」

所有以上的話，他如此說來，會儘有其痛切之感，而千載之下，自吾人看來，亦儘有其痛切之感，因之，在他這些話裡，也儘有其「中」的氣象。

他年七十一，疾且革，還手書給他的兒子朱在和他的門人范念德黃幹，「拳拳以勉學及修正遺書爲言」。第二天，他正坐，整衣冠，就枕而逝。

他生前所學，曾被人稱爲僞學，因此他便被稱爲僞黨。嗣後，他又一變而被稱爲逆黨。但他自己則草書萬言斥韓侂胄陷趙鼎，因諸生力諫，筮得遯之同人，遂焚稿，號遯翁。他在僉人余嘉上書乞斬他時，還日與諸生講學不休，有人勸他謝遣生徒，他卻笑不答。他要著書，那是因爲「吃飯，不做事，無道理」。他要講學，那也是因爲「吃飯，不做事，無道理」。

世人有怕無飯吃者，他說道：

「學者常常以志士不忘溝壑爲念，則道理重而計較生死之心輕矣。況衣食至微末事，不得亦未必死。亦何用犯義犯分，役心役志，營營以求之耶？某觀今人因不能咬菜根，而至於違其本心者，眾矣。可不戒哉？惟君子然後知義理之必當爲，與義理之所必可恃。利害得失，既無所入於其心，而其學又足以應事物之變，是以氣勇謀明，無所懾憚。不幸蹉跌，死生以之。小人之心，一切反是。」

總要「利害得失」一齊放下來。總要天地萬物，一齊簡單化。一些事情想不通，只因放不下，掃不開。一些義理看不出，只因欠單純，欠簡樸。他於此，更說道：

「大抵思索義理到紛亂窒塞處，須是一切掃去，放教胸中空蕩蕩地了，卻舉起一看，便是覺得有下落處。此說向見李先生（侗）曾說來。今日方眞體驗得如此，非虛語也。」

一個人要到「胸中空蕩蕩地」，那才會眞切的感到「吃飯，不做事，無道理」。更從而會眞切的感覺到「在鐵輪頂上轉旋，動得了，無道理」；會眞切的感覺到：破不得枉尺直尋四字，無道理。會眞切的感覺到：不能主一，無道理。會眞切的感覺到：不去窮理，無道理。會眞切的感覺到：不敬，無道理。由此，而挽救一個不敬的時代。由此，而免除著人的震怒，以至神的震怒。由此，而抵擋著一個不敬的民族，亦由此而眞正的建立起一點好的東西，即眞正的建中立極！

十、陸象山的「舉頭天外望，無我這般人」

陸九淵居象山，據載：

「一夕步月，喟然而嘆。包敏道侍，問曰：先生何嘆？曰朱元晦、泰山、喬獄可惜學不見道，枉費精神，遂自擔擱。奈何？包曰：勢既如此，莫若各自著書，以待天下後世之自擇。忽正色厲聲曰：敏道敏道，恁地沒長進，乃作這般見解。且道天地間有個朱元晦、陸子靜，便添得些子？無了後，便減得些子？」

天地間有個朱元晦、陸子靜，固然不曾添得些子。天地間無個朱元晦、陸子靜，固然不曾減得些子。只不過天地間如眞沒有個朱元晦、陸子靜，則天地終會不復爲這樣的天地。而人間有了個朱元晦、陸子靜，卻確已使人間成了一個異樣的人間。朱元晦、泰山、喬嶽，其所謂「可惜學不見道」，在朱子本人，究仍然是：

「等閒識得東風面，萬紫千紅總是春。」

其所謂枉費精神，在朱子本人，那只不過是：

「吃飯，不做事，無道理。」

其所謂「遂自擔擱」，在朱子本人，那也只不過是如象山祭東萊文中所云：

「觀省加細。」

至於象山本人，則誠如吳草廬所說。

「陸子有得於道，壁立萬仞。」

一個是泰山喬嶽，一個是壁立萬仞，此在天地間，是分明使天地爲之穆然。此在人間，是分明使人間爲之肅然。象山幼時讀古書，至宇宙二字，解者曰：四方上下曰宇，往古來今曰宙，忽大省曰：

「宇宙內事，乃己分內事，己分內事，乃宇宙內事。」

又嘗曰：

「東海有聖人出焉，此心同也，此理同也，西海有聖人出焉，此心同也，此理同也，南海北海有聖人出焉，此心同也，此理同也，千百世之上有聖人出焉，此心同也，此理同也，千百世之下有聖人出焉，此心同也，此理同也。」

這都是自幼以來，就說的是「壁立萬仞」的話。「宇宙內事，乃己分內事」，這是把一切「我所」，即所有是「我的」，都當成了「我」。我的事，既是己分內事，則「我的」身心的事，「我的」父母的事，自然是己分內事。而「我的」國家的事。「我的」社會的事，自然也是己分內事；因之，我的天下的事，以至我的宇宙內事，自然也一樣是己分內事。這便是讓「我所」或「我的」成了我。於是我的身心是我，我的父母是我，我的國家社會是我，我的天下，我的宇宙，也會是我。宇宙內事，原本是宇宙的事，但我的宇宙既是我，自然宇宙內事，就是我的事，而我的事，豈不正是己分內事？這便是讓我同乎「我所」或「我的」。此我與「我所」或「我的」之相互打通，人我為一，物我為一，天地與我為一，宇宙與我為一。於此，「一」便成了一種宇宙眞精神之流，無遠而不能至。於此，「一」便成了一種人生簡單化之極，無入而不自得。這一眞精神之流，是天理流行。這一簡單化之極，是性情作主。惟天理流行，方是天下為公。惟性情作主，方是人間為義。為公為義，則心同理同。此心同理同，不限於東海西海，南海北海，亦不限於千百世之上，千百世之下。而聖人則只是同乎此心，同乎此理而已。他後來又說：

「宇宙不會限隔人，人自限隔宇宙。」

要求同乎此心，同乎此理，便是宇宙不會限隔人。不同乎此心，不同乎此理，便是人自限隔宇宙，於此，人與宇宙的限隔，只不過是死死不肯承認我與「我所」之相通，我與「我的」之為一。但當一反省我的宇宙非我，則我的身心亦非我麼？這便要啞然失笑了。故當一悟及「我所」之必為我，「我的」之不外於我，那豈不是宇宙不會限隔人嗎？聖人於此，只是通「我所」於我，變「我的」為我，使我成大我，我成眞我而已。觀乎聖人，便自不會限隔了宇宙，而不會限隔了宇宙，便自親近了天地，從而眞有見於天之高、地之厚，此之謂觀乎聖人，則見天地。

當一個人一見了天地時，又應該怎樣呢？他說：

「上是天，下是地，人居其間，須是做得人，方不枉。」

他又說：

「要當軒昂奮發，莫恁地沉埋在卑陋凡下處。」

他更說：

「彘雞終日營營，無超然之意，須是一刀兩斷，何故縈縈如此？縈縈的討個什麼？」

人一見了天地，就應該有一超然之意；人一有一超然之意，就應該去軒昂奮發；而人一軒昂奮發，就「做得人」；做得人，就做得聖人。做得聖人，就做得「主」。人必須自己做主，才不會一切不由自主。人必須一切不會不由自主，才能眞正說得上自由自在，而與天地精神相互往來。同樣，人必須眞正說得上自由自在，而與天地精神相互往來，才能眞正說得上「從心所欲不逾矩」。而這「從心所欲不逾矩」，也不過是自己做主，前一做主。是始條理。後一做主，是終條理。所謂做得聖人，就做得主，是於此成始成終，徹上徹下。聖人處處是條理，因之，他便處處是做主。「十五而志於學」，這「志」就是做主。「三十而立」，這立就是做主。「四十而不惑」，這不惑就是做主。「五十而知天命」，這知命也是做主。「六十而耳順」，這耳順更是做主。而「七十從心所欲不逾矩」，則就是主。一個人自己做不了主，固然說不上從心所欲。同樣，做不得主，也不能算是耳順：做不得主，也不能算是知命；做不得主，也不能算是不惑；做不得主，也不能算是立；做不得主，也不算有志。只這有志，就極不易。他說：

「夫子曰：吾十有五而志於學。今千百年，無一人有志！」

爲什麼千百年在他之前，到如今，又千百年在他之後，竟可以說是「無一人有志呢」？

他繼續說道：

「也是怪他不得。志個甚底？須是有智識，然後有志願。人要有大志。常人汩沒於聲色富貴間；良心善性都蒙蔽了。今人如何便解有志？須先有智識始得。」

這裡所謂智識，乃是見天地，識天地之智識。一個人不見天地，不是智；而見了天地不識天地，更不能算是智識。汩沒於聲色富貴間，便即以聲色富貴爲天地。既以聲色富貴爲天地，就不見天地。至何以會汩沒於聲色富貴，那也是只因以聲色富貴爲「我所」，爲「我的」，因即以之爲生命，以之爲我。此亦近於我與我所之相通，我與「我的」之爲一，然既爲「汨沒」，則即汨沒於一個對象之中。這對象是一個「他」，一個「物」，於此我不做主，我無作用，我便消失，所謂相通，只是「他」與「我所」之相通。所謂「爲一」，只是「物」與「我的」之爲一，而究其實，這「通」乃屬一大空虛之「通」。這「一」乃屬塊然一物之「一」。絕非所謂心之通，亦非所謂性之一。必須有良心之通，始眞有我與我所之感通。必須有善性之一，始眞有我與我的之渾一。而良心善性之所以不通不一，則只因有所蒙蔽。有所蒙蔽，便不能做主。不能做主，便我無作用。我無作用，便爲我之消失。而我之消失，則只因我之無志。

人爲什麼會無志呢？那只是由於他無大志。人要有大志，方能見其大。人能見其大，方能見其天，見其地。人能見其天地，方能見其天之高，見其地之厚，而識得天地。人能見了天地而識得天地，方能是有智識。人能有智識，方能有志願。智識必然是大智識，善智識，志願必然是大志願，好志願。知從事於此志願，便是志。知從事於此智識，便是志於學。於此而立其本，便是「立」。於此而知其歸，便是「不惑」。於此而有其主，便是「知天命」。於此而聞其變，便是耳順。於此而安其常，便是「從心所欲不逾矩」。更於此，聖人不過是常人，那是以天地之常爲常之常人。觀乎聖人，則見天地，那是觀乎聖人之常，則見天地之常。而十五之志於學，亦不過是志於常。常人汩沒於聲色富貴間，是志於變，不是志於常。常是恒常，變是變化，一切的聲色富貴都是在變化中，而且都是在物質的變化中，惟有良心善性是在恒常裡，而且永遠是在一種精神的恒常裡。如其變不失常，則即如象山所言：

「棋所以長吾之精神，瑟所以養我之德性，藝即是道！」

因之，如其了然於聲色富貴都不過是所過之化，心普之而無心，情順之而無情，讓一切的變化是統一裏的變化，又是變化裡的統一，則不失其一，即有其美，不失其美，即有其常；既有其常，則聲色富貴，亦即是良心善性之所攝，便無所謂蒙蔽。惟一汩沒其間，則失其常，而一切變色。若富而好禮，貴而不素餐，聲色之好，推此心與人同之，而好德如好聲，好德如好色，則所謂聲色富貴，仍然是天理流行，一切便不致變色了。象山在其白鹿洞講義講「子曰君子喻於義，小人喻於利」章時，說：

「此章以義利判君子小人，辭旨曉白，然讀之者，苟不切已觀省，亦恐未能有益也。某平日讀此，不無所感。竊謂學者於此，當辨其志。人之所喻，由其所習。所習由其所志。志乎義，則所習者，必在於義。所習在義，斯喻於義矣。志乎利，則所習者必在於利，所習在利，斯喻於利矣。故學者之志，不可不辨也。……」

道。志乎義，就是志乎大；志乎大，就是志乎常；志乎常，就是志乎一，志乎一；就是志乎道。志乎大，就是先立乎其大者。惟先立乎其大者，始能有其常。有其常則有其一，有其一則有其道。志乎利，只是志乎小。象山說：

「志小，不可以語大人事。」

他又說：

「大人凝然不動，不如此，小家相。」

他更說：

「大世界不享，卻要占個小蹊小徑子：大人不做，卻要爲小兒態，可惜。」

一個人總要見天地，識天地，做大人，享大世界，而凝然不動，生活在永恒裡，生活在無限裡，又生活在簡單化裡。永恒是常，無限是一，簡單化是道。

象山說：

「今一切去了許多繆妄勞攘，磨礱去圭角，浸潤著光精，與天地合其德云云，豈不樂哉？」

他又說：

「學者須是打疊田地淨潔，然後令他奮發植立。若田地不淨潔，則奮發植立不得。古人爲學，即讀書，然後爲學可見。然田地不淨潔，亦讀書不得。若讀書則是假寇兵資盜糧。」

他更說：

「凡事莫如此滯滯泥泥，某平生於此有長。都不去著他事。凡事累自家一毫不得。每理會一事時，血脈骨髓，都在自己手中，然我此中卻似個閑閑散散，全不理會事的人。不陷事中。」

去除了繆妄勞攘，打疊得田地淨潔，不復是滯滯泥泥，這便是簡單化。一簡單化，就不陷事中。一不陷事中，就壁立萬仞，就於道有得。他說：

「君子之道，淡而不厭，淡味長。有滋味，便是欲。」

而人一簡單化，就「淡味長」。他又說：

「內無所累，外無所累，自然自在。纔有一些子意，便沉重了。徹骨徹髓，見得超然於一身，自然輕清，自然靈大。」

而一人簡單化，就「內無所累，外無所累」，並「自然輕清，自然靈大」。他更說：

「大綱提掇來，細細理會去，如魚龍游於江海之中，沛然無碍。」

而一人簡單化，便是「大綱提掇來」並從而「沛然無碍」。在這裏，簡單化固然是一個大工夫。但這一個大工夫，也正是一個大道理。也正是一個道。在這一個道裡面，會正如他所說：

「風恬浪靜中，滋味深長。」

鵝湖之會，象山和其兄九齡詩，曰：

「墟墓興哀宗廟欽，斯人千古不磨心，涓流積至滄溟水，拳石崇成太華岑，易簡工夫終久大，支離事業竟浮沉。欲知自下升高處，眞僞先須辨自今。」

這「易簡工夫」會終於久，終於大；也就是會終於永恒，終於無限。在無限和永恒裡，一切都會是或浮或沉。支離的是議論，不磨的是心。而心在墟墓間及在宗廟裡之爲哀爲欽，總會是令人愈來愈歸於樸實之一途。因之他更斷然道：

「今天下學者，惟有兩途：一途樸實，一途議論。足以明人心之邪正，破學者窟宅矣。」而愈來愈歸於樸實之一途，也就必然要愈來愈歸於辛苦之一路。因之，他又斷然道：

「莫厭辛苦，此學脈也。」

一個人總要在辛苦裏見天地，識天地。一個人總要在樸實裏做大人，享大世界。

而一個人在辛苦裏見識到的天地，就是一個人的本心。本此一心，以在樸實裡做大人，享大世界，其結果所至，就是不用安排。據載：

「四明楊敬仲，時主富陽簿，攝事臨安府中，始承教於先生。及反富陽，先生過之，問如何是本心？先生曰：惻隱仁之端也。羞惡義之端也，辭讓禮之端也。是非智之端也。此即是本心。對曰：簡兒時已曉得，畢竟如何是本心？凡數問，先生終不易其說。敬仲亦未省。偶有鬻扇者，訟至於庭。敬仲斷其曲直訖，又問如初。先生曰：聞適來斷扇訟，是者知其爲是，非者知其爲非，此即敬仲本心。敬仲大覺，忽省此心之無始末，忽省此心之無所不通。」

此心之無始末，正是此天地之無始末。此心之無所不通，正是此天地之無所勿屆。故見識到天地，就見識到本心。慈湖問本心，象山只是舉四端，而且舉了又舉，這樣把一個本心限定在那裏，就是把一個道心限定在那裏。這樣發展下去，便是盡精微說究竟，但象山卻緊隨著孟子，牢牢守住。此使以後的陽明回頭看象山，便覺象山之粗。只不過一發展，便又落下，於此就非提不可，故以後陽明之說良知，就無法不扣緊天理，而回頭再看象山，則又覺象山之光明俊偉，不用安排了。又據載：

「朱濟道說：前尚勇決，無遲疑做得事。後因見先生了，臨事即疑，恐不是，做事不得，今日中，只管悔過懲艾，皆無好處。先生曰：請尊兄即今自立，正坐拱手，收拾精神，自作主宰，萬物皆備於我，有何欠闕？當惻隱時，自然惻隱；當羞惡時，自然羞惡，當寬裕溫柔時，自然寬裕溫柔，當發強剛毅時，自然發強剛毅。」

這當怎樣就自然怎樣，就是不用安排。他居象山，也多告學者云：

「女耳自聰，目自明，事父自能孝，事兄自然弟，不必他求，在自立而已。」

這自聰自明，不必他求，也就是不用安排。據載：

「詹子南方侍坐，先生遽起，子南亦起。先生曰：還用安排否？」

惟天地不用安排，惟天地之大，不用安排。惟大人省此心之無始末，正此天地之無始末，省此心之無所不通，正此天地之無所勿屆，從而樸樸實實，了了當當地雖居住於一個「小田園」，但依然是享受著一個大世界，亦會是不用安排！

他總是要人先立乎其大者，因之他總是要人見識著天地，識取著本心；又因之，他總是要人做大人，享大世界；又因之，他總是要人歸於樸實之一途，歸於辛苦之一路；更因之，他總是要人不用安排，管歸一路。據載：

「或有譏先生之教人，專欲管歸一路者，先生曰：吾亦只有此一路。」

他雖然是只有此一路，但正因有此一路，方令人有一通途，有一大路。由此通乎天地，通乎本心之通途，在當時，便於朱子挽救了一個不敬的時代之後，又讓他挽救了一個不開朗的時代。由此要做大人，要享大世界之大路，在當時便於朱子挽救了一個不敬而疲憊了的時代之外，又讓他挽救了一個不開朗而狹窄了的時代。宋室南渡，一切殘破，殘破之餘，流於不敬。同樣，宋室南渡，上國偏安，偏安之後，不大開朗。朱陸一方面固然天縱之來，但一方面，也正是應時而出。象山十二歲讀三國六朝史，見夷狄亂華，又聞長上道靖康問事，即曾剪去指爪，學弓馬。他常說：

「吾人讀春秋，知中國夷狄之辨。二聖之仇，豈可不復？所欲有甚於生，所惡有甚於死，今人高居優遊，亦爲可恥，乃懷安，非懷義也。」

他教了將門之後李起雲，後在太尉畢再遇帳下，其家祠事之，或問其故，曰：

「雲少時，嘗欲率五百人打劫起事。一日往見，先生蒙誨，幡然而改，不然，不得爲人矣。」

他還有一個學生，據載：

「飯次，交足。飯既，先生謂之曰：汝適有過，知之乎？生曰：己省，其規矩之嚴又如此。」

還有一學者終日聽話，忽請問曰：

「如何是窮理盡性以至於命？」

他答曰：

「吾友是泛然問，老夫卻不是泛然答。老夫凡今所與吾友說，皆是理也，窮理是窮這個理，盡性是盡這個性，至命是至這個命。」

他的如此著實教人，著實做工夫，以天縱之資，應時而出，這使朱子也說道：

「南渡以來，八字著腳，理會實工夫者，惟某與子靜二人而已。」

有人勸象山著書，他說：

「學苟知道，六經皆我註腳。」

他知荊門軍，政行令修，民俗爲變，一日謂家人曰：

「吾將死矣。」

於是他便沐浴更衣，端坐而逝。要生就生，要死就死，既知其生，又知其死，天馬行空，長風拂地。此無他，先立乎其大而已。天地之大，世界之大，本心之大，大人之大，固無一非大。大則不用安排，亦惟大則樸實，大則辛苦。

他生前每喜誦如下之詩（即智通禪師臨終偈）：「仰首攀南斗，翻身依北辰。舉頭天外望，無我這般人！」

本來是千載之前，千載之後，原只能有一個陸子靜，因之，天地之內，天地之外，也原只能有一個陸子靜。當陸子靜一次出現於天地間，當陸子靜一次出現於人間，就斷然不會有第二個陸子靜，重複著出現於天地與人間。陸子靜之出現於天地間，會是一個大願。陸子靜之出現於人間，會是一件大事。此願如不可了，此事如不可完，則陸子靜之一次出現，即會是永遠的出現，也就用不著重複一次的出現了。如此，陸子靜之一次的存在，就會是永恆的存在，一樣用不著重複一次的存在。說「舉頭天外望，無我這般人」，實在是不會亦不能並用不著第二個陸子靜。而天地間沒有陸子靜等，則天地間便少了一大願，因之便將不復為這樣的天地；而人間有了陸子靜等，則人間終是有了一大事，因之人間便成了異樣的人間。於此，一個人的完成，會是一個人間的完成，也會是一個天地的完成。

十一、陳白沙的「到海觀會同，乾坤誰眼碧」

白沙有詩云：

「滄溟幾萬里，山泉不盈尺，到海觀會同，乾坤誰眼碧？」

他夢拊石琴，其音泠泠然，一人謂之曰：

「八音中惟石難諧，子能諧此，異日其得道乎？」

他因此別號爲石齋。

他的門人李大崖，自嘉魚至新會，涉江浮海，水陸萬里，到他那裡凡四次之多，他和他「登臨弔古，賦詩染翰，投壺飲酒，凡天地間耳目所聞見，古今上下載籍所存，無所不語，所未語者，此心通塞往來之機，生生化化之妙」，他所以未語，是要人深思而自得之。當門人李大崖告別之後，他爲詩相憶道：

「去歲逢君笑一回，經年笑口不常開。山中莫謂無人笑，不是眞情懶放懷。」

隨後他又爲詩道：

「衡岳千尋雲萬尋，丹青難寫夢中心；人間鐵笛無吹處，又向秋風寄此音。」

他臨死時，知縣左某派個醫生到他那裡爲他醫病，門人進曰：

「疾不可爲也。」

他卻說道：

「須盡朋友之情，飲一匙而遣之。」

他死時七十三歲，他的門人張詡，爲他作墓表，有以下的話：

「由是以無思無爲之心，舒而爲無意必固我之用。有弗行，行無弗獲。有弗感，感無弗應，不言而信，不怒而威，故病亟垂絕，不以目而能書，不以心而能詩。天章雲漢而諧金石，胡爲其然也？蓋其學，聖學也。其功効絕倫也固宜。」

他生前總要人靜中養出端倪，他說；

「善學者主於靜，以觀動之所本。察於用，以觀體之所存。」

他又說：

「治心之學，不可把捉太緊，失了元初體段，愈認道理不出。又不可大漫，漫則流於汎濫而無所歸。」

他從吳康齋學，得不到什麼，便回到廣東家鄉，杜門獨掃一室，日靜坐其中。雖家人罕見其面。這樣過了好幾年，仍然得不到什麼。隨後則據載：

「於是迅掃夙習，或浩歌長林，或孤嘯絕島，或弄艇投竿於溪涯海曲，忘形骸，捐耳目，去心智，久之然後有得焉。於是自信自樂。」

所謂自信自樂，自然是自信其道，自樂其道。然則他的道又是什麼呢？據載：

「其爲道也，主靜而見大，蓋濂洛之學也。」

然則他的學又是什麼呢？據載：

「先生之學，以虛爲基本，以靜爲門戶，以四方上下往古來今，穿紐湊合爲匡郭。以日用常行分殊爲功用。以勿忘勿助之間爲體認之則，以未嘗致力而應用不遺爲實得。」

一個人由至性至情，可以到達著最高的智慧，一個人也可以由最高的智慧，到達著至性至情。一人之性，即天地之性，一人之情，即天地之情，因之，一人之心，即天地之心；惟患不能「至」，至則，性是天性，情是實情，而心就是道，道就是清明。道之在躬，即爲「清明在躬」。而道之在天地，亦即爲清明之在天地，所謂天清地寧，正是光明普照。「滄溟幾萬里」是清明。「山泉不盈尺」也是清明。會同是清明加上清明，眼碧是清明識得清明。八音之中惟石難諧，但若清明，石已成玉，如何不諧？逢君一笑，一笑天心即轉。笑口開，則清明徹內徹外。笑口不開，而清明亦復徹上徹下。「丹青難寫夢中心」，夢中心是清明，心中夢亦復是清明，所以丹青難寫。只有清明才能寫出清明，丹青只能寫出色相，鐵笛吹處是清明，秋風寄處是清明，有音訊處是清明，無音訊處也是清明，此心通塞往來之機是清明，生生化化之妙是清明，只不過說出的，已不是無聲無臭，而深思自得的，則是何慮何思。於此，清明之入乎心與出乎口，是同是別，是一是二，不能明言，只好默識。以下一段白沙和人家的對話，是有趣的：

「或曰：道可狀乎？」

「曰：不可，此理之妙不容言。道至於可言，則已涉乎粗跡矣。」

「何以知之？」

「曰：以吾知之，吾或有得焉，心得而存之，口不可得而言之，比試言之，則已非吾所存矣。故凡有得而可言，皆不足以言得。」

「曰：道不可言狀，亦可以言物乎？」

「曰：不可，物囿於形，道通於物，有目者不得見也。」

「何以言之？」

「曰：天得之爲天，地得之爲地，人得之爲人，狀之以天則遺地，狀之以地則遺人，物不足以狀也。」

道不可以言狀，實因其清明不可以言狀。道不可以言物，實因其清明不可以言物。在那裡，你儘可以「登臨弔古」。在那裡，你儘可以「賦詩索翰」。在那裡，你儘可以「投壺飲酒」。在那裡，你儘可以「盡朋友之情」。在那裡，縱然是「疾不可爲」，但仍須「飲一匙而遣之」，以答謝故人派個醫生遠來之意。臨別時，要說一聲再會，臨死時也要說一聲重來。這纔是所謂來得清明，去得清明；並生在清明中，死在清明裡。水清見底，明通於物。清明之在天地間，儘會讓「天得之爲天，地得之爲地，人得之爲人」。清明塞乎天地，清明通乎天人。因之，對一個人說，更會是清明塞乎體，清明通乎心。月白風清，而肝膽相照，則是人之清明。白沙說：

「天道至無心，比其著於兩間者，千怪萬狀，不復有可及，至巧矣，然皆一元之所爲。」

只因爲天道至清明，所以天道至無心。只因爲天道至無心，所以一切都會是「一元之所爲」。而此「一元之所爲」，則正是簡易之所化。白沙又說：

「聖道至無意，比其形於功業者，神妙莫測不復有可加，亦至巧矣，然皆一心之所致。」

只因爲人道至清明，所以聖道至無意。只因爲聖道至無意，所以一切都會是「一心之所致」。而此「一心之所致」，則正是眞誠之所形。他更繼續說：

「心乎，其此一元之所捨乎？昔周公扶王室者也。桓文亦扶王室者也。然周公身致太平，延被後世，桓文戰爭不息，禍藏於身者，桓文用意，周公用心也。是則至拙莫如意，而至巧者莫踰於心矣。」

於此，所謂用心，實是用其清明，用其清明。則天下明快，天下清平。用其清明，則天下太白，天下太平。於此，所謂用意，實是用其智巧，用其智巧，則天下玲瓏，天下炫然。用其智巧，則天下繁複，天下紛然。「心爲一元之所捨」，而清明則爲性情之所出。周公扶王室，本其性情，用其清明。桓文扶王室，則憑其才華，運其智巧。結果所示，前者反形其簡易眞誠之至巧，而後者則反有其播弄精魂之至拙。力察乎此，則仁可知。由之以愼擇乎仁術，即由之以終抵乎清明。而白沙之「由是以無思無爲之心，舒而爲無意必固我之用」，實亦是愼擇乎仁術，而有以抵乎清明。他「有弗行，行無弗獲」，那是由於他行在清明裡。他「有弗感，感無弗應」，那是由於他感在清明中。他「不言而信」，是清明之信。他「不怒而威」，是清明之威。他「病亟垂絕，不以目而能書」，那是由於他清明如水。他病亟垂絕，「不以心而能詩」，那是由於他清明永在。他的學是聖學，他的學亦正是清明之學。「其功效絕倫」，那正是他的清明透澈。他於靜中養出端倪，就是他於靜中養出清明，而終於透澈。「動之所本」，本於清明在躬；而體之所存，則存於清明澈骨。為了清明，他便認定學者須力主於靜，力察於用。他說：

「僕年二十七，始發憤從吳聘君學，其於古聖賢垂訓之書，蓋無所不講。然未知入處。比歸白沙，杜門不出，專求所以用力之方，既無師友指引，惟日靠書冊尋之，忘寐忘食，如是者亦累年，而卒未得焉。所謂未得，謂吾此心與此理，未有湊泊脗合處也。於是捨彼之繁，求吾之約，惟在靜坐久之，然後見吾此心之體，隱然呈露，常若有物。日用間種種應酬，隨吾所欲，如馬之御銜勒也。體認物理，稽諸聖訓，各有頭緒來歷，如水之有源委也。於是渙然自信曰：作聖之功，其在茲乎？有學於僕者，輒教之靜坐，蓋以吾所經歷，粗有實效者告之，非務為高虛以誤人也。」

僅僅把古聖賢垂訓之書，當作一種教條，如目前外方人士之以論語僅為道德教條，這會於一個人的清明無關。而日尋於書冊之中，忘寐忘食，反增其一己之繁複，未能真正受用，自亦成一大累贅。必須是此心與此理之湊泊脗合，方是一個人的簡單化。必須是一個人的簡單化，方是一個人的清明。必須是清明，方是受用。而必須是受用，方是有得。「以約失之者鮮」，則以約得之者便多。惟簡單化到了極點，方是約之為一，一則靜，靜則明，明則通體是清白，又通體是智慧。因為通體是智慧，所以物有頭緒。因為通體是清白，所以言有來歷。物有頭緒，即是物理。言有來歷，便是聖訓。心體之呈露，乃心之有如水之源委，以隱然呈露。於此，水之源委是清明；言之來歷，是清明；物之頭緒，是清明。一切由清明而出，一切又都是在清明中。因之，清明透澈，便常若有物。而隨吾所欲，便是隨吾受用。至主於此靜，察於此用，既爲爲學之要，自亦爲作聖之功。原是平實，不是高虛。平是平靜，實是實用，而所謂不是高虛，則正是平靜裡的高明，實用裡的清虛！

治心之學，實即治世之學，那只是要人心歸於高明的平靜，那只是要世界歸於清虛的實用。只因爲要歸於高明的平靜，以獲其平靜中的高明，所以便「不可把捉太緊，失了元初體段」。只因爲要歸於清虛的實用，以獲其實用裡的清虛，所以「又不可太漫，漫則流於汎濫而無所歸」。元初體段，是清明。而無所歸，便不是清明。治心之學，即是清明之學。而治世之學，亦即是清明之學。

清明之學，是「迅掃夙習」之學。清明之學，是「浩歌長林」之學。清明之學，是「孤嘯絕島」之學。清明之學，亦是「弄艇投竿於溪涯海曲」之學，一句話，這是簡單化之學。不斷的簡化，便不斷的「有得」。不斷的有得，便不斷的自信。而不斷的自信，則會是不斷的自樂。自信是自信其道；自樂是自樂其道。但如眞有道可信，有道可樂，則心中仍是有事而非眞能主靜；眼中仍是有物而非眞能見大。伊川說：「如有道可樂，便不是顏子。」於此如有道可信，亦不是白沙。白沙之學，實是濂洛之學。尹和靖問伊川：

「鳶飛戾天，魚躍於淵，莫是上下一理否？」

伊川曰：

「到這裡，只得點頭。」

尹和靖一日看《大學》，有所得，欲舉似伊川。伊川問之，他說：

「心廣體胖，只是自樂。」

伊川曰：

「到這裡，和樂字也著不得。」

「上下一理」是清明。白沙自信其道，是自信其清明。到清明這裡，那是「只得點頭」。「心廣體胖」，也是清明，白沙自樂其道，是自樂其清明。而如實以言，到清明這裡，「和樂字也著不得」。他之所謂自樂，著不得和樂，而他之所謂自信，那只是一個「自信」。他與何時矩書云：

「宇宙內更有何事？天自信天，地自信地，吾自信吾。自動自靜，自闔自闢，自舒自捲，甲不問乙供，乙不待甲賜。牛自爲牛，馬自爲馬，感於此，應於彼。發乎邇，見乎遠，故得之者，天地與順，日月與明，鬼神與福，萬民與誠，百世與名，而無一物涉於其間。嗚呼，大哉。前輩云：銖視軒冕，塵視金玉，此蓋略言之，以諷始學者耳。人爭一個覺。纔覺便我大而物小，物盡而我無盡。夫無盡者，微塵六合，瞬息千古，生不知愛，死不知惡，尙奚暇銖軒冕而塵金玉耶？」

這自信自樂，只是自信自樂其「宇宙內更有何事」？這自信自樂其「宇宙內更有何事」？只是自信自樂其一個「無盡」。這自信自樂其一個「無盡」，只是自信自樂其一個清明。這自信自樂其一個清明，只是自信自樂其一個「虛」。他以虛爲其學之基本，那是由虛到達清明，由清明到達無盡，由無盡到達「更有何事」？而由「更有何事」，則到達著「天地與順，日月與明，鬼神與福，萬民與誠」。把六合當作微塵。把千古當作瞬息。讓生自生。讓死自死。讓動自動。讓靜自靜。讓闔自闔。讓闢自闢。並讓牛自牛，馬自馬，天自天，地自地，我自我。一切是順適，一切是清明，一切是福澤，一切是眞誠。由此而獲其一切的簡單化，便由此而獲其一切的「一」。這一切的「一」，就是眞理，就是理。眞理是上帝，理是主。他與林緝熙書云：

「終日乾乾，只是收拾此理而已，此理干涉至大，無內外，無終始，無一處不到，無一息不運會。此則天地我立，萬化我出，而宇宙在我矣。得此把柄入手，更有何事？往古來今，四方上下，都一齊穿紐，一齊收拾，隨時隨處，無不是這個充塞。色色信他，本來何用爾腳勞手攘？舞雩三三兩兩，正在勿忘勿助之間。曾點些兒活計，被孟子打併出來，便都是鳶飛魚躍。若無孟子工夫，驟而語之以曾點見趣，一似說夢會得。雖堯舜事業只如一點浮雲過目，安事推乎？此理包羅上下，貫徹終始，滾作一片，都無分別。無盡藏故也。自茲以往，更有分殊處，合要理會，毫分縷析，義理儘無窮，工夫儘無窮，書中所云，乃其統體該括耳。夫以無所著之心，行於天下，亦焉往而不得哉？」

理一而分殊，理一是清明，是源委。分殊是清明的散諸事事物物，是由源委出。有一切的「一」，就有「一」的一切，因之義理儘無窮，工夫儘無窮。眞理的生活，是收拾此理的生活；而收拾此理的生活，則是道德生活裡的藝術和藝術生活裡的道德之合一，理是道，又是藝，眞是善又是美。而眞理則是一個「眞善美」之全。這「全」就是一切的「一」，而「分」則是這「一」的一切。從我是一個「個體」，一個「一」來說，則天地實由我而立，萬化實由我而出，宇宙則斷然在我兩手之中。清明在躬，即把柄入手，穿紐起古往今來，收拾著四方上下，實不必腳勞，不用手攘。舞雩活計是清明，勿忘勿助也是清明。鳶飛魚躍，上下俱察是清明；堯舜事業，過目浮雲，也是清明。「無所著」是清明，「焉往而不得」也是清明。清明滾作一片，清明都無分別。清明無盡藏，而清明又隨地而出。白沙以靜爲其學之門戶，那只是以靜爲此清明之門戶。白沙以四方上下往古來今，穿紐湊合「爲其學之匡郭」，那只是以四方上下往古來今，穿紐湊合爲此清明之匡郭。白沙以日用常行分殊爲其學之功用，那只是以日用常行分殊爲此清明之功用。白沙以勿忘勿助之間爲其學的體認之則，那只是以勿忘勿助之間爲此清明的體認之則。白沙以未嘗致力而應用不遺爲其學之實得，那只是以未嘗致力而應用不遺爲此清明之實得。據載，他就如此：

「由斯致力，遲遲至二十餘年之久，乃大悟廣大高明，不離乎日用。一眞萬事，本自圓成，不假人力，無動靜，無內外，大小精粗，一以貫之。」

他對一己的出處進退，亦復「一以貫之」。有人說他的出處進退和其師吳聘君大不相同，他便說：

「康齋以布衣爲石亨所薦，所以不受職，而求觀秘書者，冀得間悟主也，惜乎宰相不悟，以爲實然。言之上，令就職，然後觀書，殊戾。康齋意遂決去。某以聽選監生薦，又疏陳始終願仕，故不敢僞辭，以釣虛名，或受或不受，各有攸宜爾。」（答張汝弼）

在大明的天下裡，他授翰林院檢討而歸，以後則屢薦不起。對此其門人張翊在其《白沙先生墓表》中，更有如下的話：

「或者以其不大用於世爲可恨者，是未知天也。天生聖賢，固命之以救人心也。救人心，非聖功莫能也。聖功叵測，其可以窮達限耶？且治所以安生也，生生而心死焉，若佛生也。吾於是乎知救人心之功大矣哉。」

在大明的天下裡，白沙是儘負有其一個清明的使命。那是一個要使人心歸於清明的使命。爲要使天下歸於清明，總得要使人心歸於清明。爲要使人心歸於清明，總得要使自己的心歸於清明。這便使他靜靜的坐下來，並且要以靜坐教天下，好讓天下於靜中養出端倪來。

他與湛民澤書云：

「某久處危地，以老母在堂，不自由耳。近遣人往衡山，問彼田里風俗，尋胡致堂住處。古人托居，必有所見，倘今日之圖可遂，老腳一登祝融峰，不復下矣。是將托以畢吾生，非事遊觀也。」

他又與湛民澤書云：

「飛雲之高幾千仞，末若立木於空中，與此山平，置足其巔，若履平地，四顧脫然，尤爲奇絕。此其人內忘其心，外忘其形，其氣浩然，物莫能干，神遊八極，未足言也。」

他以久處危地，所以更清明。他以老母在堂，所以更清明。他以尋古人托居之處托居，所以更清明。他以老腳一登祝融峯，便思不復下，所以更清明。他的清明，是廣大高明，不離日用。他的清明是一眞萬事，本自圓成。他的所謂靜，只是不假人力，無動靜。他說：

「夫道無動靜也，得之者動亦定，靜亦定，無將迎，無內外，苟欲靜，即非靜矣。故當隨動靜以施其功也。」

惟無動靜，則內忘其心，外忘其形，而無內外。惟無內外，則大小精粗，一以貫之，而其氣浩然。其氣浩然，則物莫能干，神遊八極，而四顧脫然。而亦惟四顧脫然，則不假人力，得之即定，而無動靜。隨動靜以施其功，是清明。泯動靜以復其體，也是清明。

「滄溟幾萬里，山泉不盈尺，到海觀會同，乾坤誰眼碧？」——這是點出清明！

十二、王陽明的「觸之不動」

王陽明奉命去江西平宸濠之亂，友人王司輿謂其門人季本曰。

「陽明此行，必立事功。」

季本便問道：

「何以知之？」

王司輿回答說：

「吾觸之不動矣。」

嗣後，王陽明把宸濠捉到了，亂也平定了，便又有人問他道：

「用兵有術否？」

他說：

「用兵何術？但學問純篤，養得此心不動乃術爾。凡人智能，相去不甚遠，勝負之決，不待卜諸臨陣，只在此心動與不動之間。」

此心之不動，全在此心之安排。此心之安排，全在此心之了悟。而此心之了悟。則全在此心之歸本歸根，歸元歸一。歸本則復：復其見天地之心。歸根則同：渾然與萬物同體。歸元則常；一念萬年，乾坤在手。歸一則全：一眞萬事，本自圓成。全是一個無限，常是一個永恆，同是一個大而化，復是一個眞回頭。一個人的心，總要歸於無限，總要歸於永恒，總要大而化之，總要不斷回頭。不斷回頭是知之致，是致知。大而化之，是物之格，是格物。歸於永恒，是意之誠，是誠意。歸於無限，是心之正，是正心。此心之正，即此心之定。此心之定，即此心之靜。此心之靜，即此心之安。此心之安，即此心之慮。此心之慮，即此心之得。所謂「知止而後能定，定而後能靜，靜而後能安，安而後能慮，慮而後能得。」此知止，就是止歸於正，就是正。而此「得」，就是得其究竟，就是悟。由知止到能得，就是由正到悟。一個大的了悟，就是一個眞的安排，一個眞的安排，就是一個「觸之不動」。

他因爲抗疏救人，得罪了逆瑾。便被「下詔獄廷杖四十，謫貴州龍場驛丞」。瑾仍然是不肯放過他，又「遣人跡而加害」。他於脫下衣冠，托名投水，逃脫了一命，經海道而至武夷山時，他曾爲詩道：

「險夷原不滯胸中，何異浮雲過太空？夜靜海濤三萬里，月明飛錫下天風。」

他本想從此入山，但爲了父母，終於到了龍場驛。他到了龍場驛，便悟得了致良知。據載：

「先生之學，始泛濫於詞章，繼而遍讀考亭之書，循序格物，顧物理吾心，終判然爲二，無所得入，於是出入於佛老者久之。及至居夷處困，動心忍性，因念聖人處此，更有何道，忽悟格物致知之旨，聖人之道，吾性自足，不假外求。」

他爲了要了解自己的死，他自備一棺，臥於其中。他爲了要格竹子的物，他格了七日七夜，終於格病了。他原本是一個大智人，卻經過了不斷的大摸索。但當他經過了不斷的大摸索，他終於成了一個大智人。他是娠十四月而生，他是生得遲遲。他的祖母岑夫人在他生時，曾夢一神人送孩兒自雲中而至。他像是來自雲中，便被命名爲雲。這是他最初的名字。他到了五歲，還不能說話，仍像是在雲霧中，有異僧過之日：可惜道破。那是說：既自雲中來，便不應以雲爲名。既以雲爲名，便是長在雲霧裡，不落人間，如何還能說話？所以便改名爲守仁。這些事，雖是儘有其一種傳奇的意味，但亦畢竟是對其一生，作了一個象徵的說法。他實是天馬行空，穿雲而出。他又是牛行絕域，渴戀家園。雲是他的本身本色；而「安土敦乎仁」，則是他的全副家當。他泛濫詞章，出入於佛老，而終於居夷處困，動心忍性。那是天馬而終於牛行。他「險夷原不滯胸中」，只不過險夷不滯胸中，依然還不會是他究極的本領。他原像是「月明飛錫下天風」，只不過僅僅是「月明飛錫下天風」，又怎能就算是他本來的面目?「夜靜海濤三萬里」,那分明是把「清明」打成一片,但就此把清明打成一片,又會不會只不過是一個清秋光景?如其是清秋光景,則浮雲一過著太空,就不免過於清涼而太流走,終會難免走失了。聖人處此,清明而晦。如此,則春花秋月,夏雨冬陽,無非至性,盡是實情。花爲鮮花,月爲皓月,雨乃時雨,陽屬陽明。格物乃所以情通於物,而不爲物化。致知乃所以性之,而致此良知。是以聖人之道,實即性情之道,而性情之道,吾性自足。既不須外來,又何須外求?物理即吾心,吾心即物理,吾心光明,吾性光明,物理因吾性之光明而光明,一切是在光明普照之中,一切是在陽光照耀之下。天下是大明的天下,人間是大明的人間。時代是大明的時代,文物是大明的文物。他在龍場悟了良知之後,便去江西擒了宸濠。他在江西擒了宸濠之後,又去廣西平了思田。他以歸師襲八寨斷藤峽而破之。他幼小的時候,曾夢中謁著馬伏波之廟,並題詩於壁。到這時候,他眞的路過著馬伏波之廟,一切恍如夢中。他回到南安,病得很重,他的門人周積在旁邊伺候他,問他有什麼遺囑?他回答道:

「此心光明,亦復何言?」

他說完了這話,一會兒就死了,他死時年五十七,他是死得急急。他生得遲遲,他死得急急。他是天馬而牛行,所以生得遲遲。他是清明而晦,所以死得急急。然此心光明,在光明裡，實無所謂遲遲。然此心光明，在光明裡，實無所謂急急。遲遲至於此，夫復何言？急急至於此，亦復何言？他門人很嘆息他自征寧藩以來，天下謗議益眾。他解釋道：

「我在南都以前，尚有些鄉愿意思在。今信得這良知，眞是眞非，信手行去，更不著些覆藏，纔做得個狂者胸次。故人都說我行不揜言也，所謂人所不知，而己獨知者，此正是吾良心知處。」

他信得光明，就信得良知，同時，他信得良知，也就信得光明。他生在光明中，他死在光明裡，他把光明打成一片，他是一片光明。他認爲草木瓦石皆有良知，那是由於草木瓦石都因他的一片光明而獲得了光明。只有在光明裡，才有眞是眞非。只有在光明裡，才能信手行去。只有在光明裡，才能不著些覆藏。只有在光明裡，才做得個狂者胸次。一個人由清明而光明，那是由狷而狂。一個人由光明而通體透明，那是由狂而聖。清明而晦，那是到達光明的路。光明而歛，那是到達透明的路。他雖是自謂「纔做得個狂者胸次」，但他總是教人收斂。他說：

「發散是不得已。」

他與其門人宗賢書云：

「凡人言語正到快意時，便截然能忍默得。意氣正當發揚時，便翕然能收斂得。憤怒嗜欲，正到騰沸時，便廓然能消化得。此非天下之大勇不能也。然見得良知親切時，其工夫又自不難。」

發散是一種力量，而於發散中能收斂，則更是一種眞力量。這是由氣力到道力，這是大勇。大勇必須光明而歛。而光明而歛，則必須「見得良知親切」。見得良知親切，就是見得光明親切。只有在親切裡，才能收歛起來。大凡見得光明，一親切，就收歛；一收歛，就凝定；一凝定，就純篤；一純篤，就「觸之不動」，惟有「學問純篤，才可養得此心不動」。此心不動，則「堂堂巍巍，壁立萬仞，心地自爾和平」。此心不動，則一己便成了一切的座標，日月星辰，皆向我而轉，因而動天動地，便何有於戰陣，更何有於敵人？儒者之言性理，說道說心，要不過爲求此心之不動，求此心之完整。有此心之不動，有此心之完整，就有此民族之凝合，就有此民族之完整。有此民族之凝合，有此民族之完整，就有此國家之一統，就有此國家之完整。有此國家之一統，有此國家之完整，就有此天下之一家，就有此天下之完整。「一心定而王天下」，以天下爲一家，以中國爲一人，以萬物爲一體，以天地爲一心。以天地爲一心，就是以光天化日爲一心。以光天化日爲一心。就是以光明爲一心。有此心之光明，就有此民族之光明。有此民族之光明，就有此國家之光明。有此國家之光明，就有此天下之光明。反之，有此心之陰影，就有此民族之陰影。有此民族之陰影，就有此國家之陰影。有此國家之陰影，就有此天下之陰影。只因有此陰影，所以就要致此良知。有人所不知之陰影，就須有己所獨知之良知。有己所獨知之良知，就能有己所照耀之一切。而此「能照耀」之本身，則是來自「親切」，又歸於「親切」。他說：

「先天而天弗違，天即良知也。後天而奉天時，良知即天也。」

天是光天，是光明之體。只要是來自親切，致此良知，以去此陰影，則「先天而天弗違」，天就是良知。只要是歸於親切，去此陰影，以致此良知，則「後天而奉天時」，良知就是天。因之，良知是光明，亦正是光明之體。那是仁智之全，那是德慧之全。在那裏，會有一個心的完成，就會有一個人的完成。在那裡，會有一個人的完成，就會有一個國家民族的完成。在那裡，有一個國家民族的完成，就會有一個天下的完成。由此完成而形成歷史，則歷史便只是一個眞理的流行。由此完成以形成文化，則文化更只是一個性情的表達。

他由天馬而牛行，獲得了清明而晦。他又由清明而晦，到達了光明而歛。在「光明而歛」之中，他更眞正地了解了「敬畏」，了解了「樂」。他給舒國用寫信，說著如次的話：

「君子之所謂敬畏，非有所恐懼憂患也。乃戒愼不睹，恐懼不聞之謂耳。君子之所謂樂，非曠蕩放逸，縱情肆意也。乃其心體不累於欲，無入而不自得之謂耳。夫心之本體，即天理也。天理之昭明靈覺，所謂良知也。君子之戒愼恐懼，惟恐其昭明靈覺者，或有所昏昧放逸，流於非僻邪妄，而失其本體之正耳。戒愼恐懼之功，無時或間，則天理常存，而其昭明靈覺之本體，無所虧蔽，無所牽擾，無所恐懼憂患，無所好樂忿懥，無所意必固我，無所歉餒愧怍，和融瑩徹，充塞流行，動容周旋而中禮，從心所欲而不踰，斯乃所謂眞樂矣。是樂生於天理之常存。天理常存，生於戒愼恐懼之無間。孰謂敬畏之增，反爲樂之累耶？」

「樂生於天理之常存」。天理常存，則光明一片。

「天理常存，生於戒愼恐懼之無間」。戒愼恐懼，則光明而斂。

由光明而斂，到一片光明，那便是和融瑩徹，充塞流行。那「是一個隨他發見流行處，當下具足，更無去來，不須假借」的光明（陽明與馬子華書中語）的光明，那也正是「一個隨他發現流行處，當下具足更無去來，不須假借」的良知。那是天理之昭明靈覺，那也正是天心之惻坦眞誠。君子以之動容周旋而中體。聖人以之從心所欲而不踰。這便使天下之大光明，頓成了天下之眞快樂。而天下之眞快樂，則由人心之眞收斂。同時，人心之眞收斂，則由此心之長敬畏。收斂是光明的收斂，敬畏是光明的敬畏，在收斂裡會有眞的心的光芒。在敬畏裡，會有眞的心的快樂。在眞的心的快樂下，你會「觸之不動」，因之，便絕不會曠蕩，絕不會放逸，絕不會縱情，絕不會肆意。在眞的心的光芒下，你會「觸之不動」，因之，便又絕不是有所恐慌，絕不是有所懼怕，絕不是有所憂悶，絕不是有所患難。而戒愼不睹，恐懼不聞，則只是擔心光明中的陰影，則只是一心敬畏著陰影中的光明。而心體不累於欲，無入而不自得，則只是「無所虧蔽」於此心之光明，則只是無所牽擾於此心之光明，從而「無所恐懼憂患，無所好樂忿懥，無所意必固我。無所歉餒愧怍」。於此「觸之不動」，會有其宇宙間一個最高的敬意。於此「觸之不動」，亦會有其宇宙間一個最大的歡喜。

在宇宙間一個最高的敬意下，則本上蒼之祐，必立事功，又何待言？

在宇宙間一個最大的歡喜下，則本人心所同，必立事功，亦不待說。

只不過事功是什麼呢？在此心的極度的光明裡，就是「堯舜事業，亦如太空中一點浮雲過目」，於極度光明的本身，又豈會增加些子？到這裡，就是堯舜事業，也「觸之不動」，則事功之所以爲事功，也就可想而知了。他在給陸元靜書中說：

「使我無功利之心，雖錢谷兵甲，搬柴運水，何往而非實學？何事而非天理？」

既「何往而非實學？何事而非天理？」那便又何處而非事功？更何物而能觸之可動？他在給陸元靜同書中，又說：

「使在我尚有功利之心，則雖日談道德仁義，亦只是功利之事。」

如連談道德仁義，都只是功利之事，那便要連追求著堯舜事業，也只是追求著一片陰影，這於極度光明的本身，不僅不會增加些子，反而會是一種虧損。一跌入功利裡，便動搖著本根，便非歸於元，便非歸於一，如此便一切動搖著，而歸於龐雜，歸於零碎。於此，事功不是功利，事功只是事功。觸之不動，必立事功。觸之而動，無非功利。惟觸之不動，人皆可以為堯舜。惟觸之不動，則滿街都是聖人。若觸之而動，則：

「拋卻自家無盡藏，沿門托鉢效貧兒。」

既是貧兒，便不是聖子。到這裡，觸之而動，既無非是功利，則觸之不動，便即是事功，然則「觸之不動」又果如何？

據《傳習錄》載：

「侃去花間草，曰：天地間何善難培，惡難去？

「先生曰：此等看善惡，皆從軀殼起念。天地生意，花草一般，何曾有善惡之分？子欲看花，則以花為善，如欲用草時，復以草為善矣。

「曰：然則無善惡乎？

「曰：無善無惡者，理之靜。有善有惡者，氣之動。不動於氣，即無善惡，是謂至善。

「曰：佛氏亦無善無惡，何以異？

「曰：佛氏著在無上，便一切不管。聖人無有作好，無有作惡，此之謂不動於氣。

「曰：草既非惡，是草不宜去矣。

「曰：如此卻是佛者意見。草若有礙，理亦宜去矣。

「曰：如此又是作好作惡。

「曰：不作好惡，非是全無好惡。只是好惡一循於理，不去著一分意思。即是不曾好惡一般。

「曰：然則善惡全不在物。

「曰：只在汝心。循理便是善。動氣便是惡。

「曰：畢竟無善惡。

「曰：在心如此，在物亦然。世儒惟不如此，捨心逐物，將格物之學錯看了。」

這不「從軀殼起念」，就是「觸之不動」。這「不動於氣」，就是「觸之不動」。這「無有作好，無有作惡」，就是「觸之不動」。這「一循於理」，就是「觸之不動」。這「不曾好惡一般」，就是「觸之不動」。這讓善惡「只在汝心」，就是「觸之不動」。這絕不「捨心逐物」，就是「觸之不動」。因之，草若有礙，斷然去之，這仍然是「觸之不動」。宸濠作亂，斷然擒之，這也只是「觸之不動」。

只要「觸之不動」到了家，到了純熟，到了貞固不移，到了純亦不已，到了無臭無聲，到了何思何慮，到了純乎天理，那便是聖人。他說：

「聖人之所以爲聖，衹是此心之純乎天理，而無人欲之雜。猶精金之所以爲精，但以其成色足，而無銅鉛之雜也。人到純乎天理方是聖，金到足色方是精。然聖人之才力，亦有大小不同，猶金之分兩有輕重。所以爲精金者在足色，而不在分兩，所以爲聖者，在純乎天理，而不在才力也。學者學聖人，不過是去人欲，而存天理，猶煉金而求足色耳。……」

不去人欲，則觸之即動，不觸亦動，此心日在欲求中，便此心日在徬徨中，便此心日在動蕩中。由此而構成時代之大顚倒，由此而構成時代之大瘋狂。愈是興奮，愈是疲憊；而愈是疲憊，則愈是要求著刺激。其功利之心，究亦不過是要求著刺激之心而已。從而愈刺激，愈麻木；愈麻木，愈不仁；愈不仁，愈僵化，終至觸之即死，不觸亦死，天昏地黑，大亂不已。於此，天地雖可無憂，但聖人不能不有憂。他知道天之爲天，決無此理，他知道人之爲人，決無此理，因之，便決然要存此天理，去此人欲。他教學者學爲聖人，要如煉金之力求足色，足色就是純乎天理。純乎天理，就是觸之而絕對不動，儘管有才力大小之不同，但觸之不動之事功價値，總是一樣。因之，在觸之而絕對不動裡，會有一個大敬畏，大歡喜，因而會有一個大自由，大自在，同時，也會有一個大平等。

然爲了此心的光明，爲了時代的光明，爲了國家民族的光明，爲了天下萬世的光明，所謂觸之不動者，又豈眞無動於中、無動於外嗎？他說：

「學絕道喪之餘，苟有興起自慕於學者，皆可以爲同志，不必銖稱寸度，而求其盡合於此，以之待人可也。若在我之所以造端立命者，則不容毫髮之或爽矣。」

他又說：

「世之儒者，各就其一偏之見，而又飾之以比擬做像之功，文之以章句假借之訓，其爲習熟，既足以自信，而條目又足以自安，此其所以誑己誑人，終身沒溺而不悟耳。」

他更說：

「若仁之不肖，蓋亦常陷溺於其間者幾年，悵悵然自以爲是矣。賴天之靈，偶有悟於良知之學，然後悔其向之所爲者固包藏禍機，作僞於外，而勞心日拙者也。十餘年來，雖痛自洗剔創艾，而病根深痼，萌蘗時生，所幸良知在我，操得其要，譬猶舟之得舵，雖驚風巨浪，顚沛不無，尚猶得免於傾覆者也。夫舊習之溺人，雖已覺悔悟，而其克治之功，尚且其難若此，又沉溺而不悟，日益以深者，亦將何所底極乎？」

大凡「觸之不動」者，必須有眞感觸於中，必須有眞接觸於外。這對「觸之不動」的王陽明說，其眞接觸之所獲，就是知行合一；其眞感觸之所得，就是致良知。因之，到頭來，他便是：

「此心光明，亦復何言？」

十三、王龍溪的「一點靈光」

在大明的天下裡，由陳白沙清明而晦，於靜中養出端倪，到王陽明的光明而歛，以致良知；這便心光被於四表，智光溢於言辭，降而至於王龍溪則一轉而成爲「一點靈光」。他沉重的說道：

「默默哀苦中，悟得自己只有一點靈光，是從生帶來的。雖男女至親，一些子靠不著，況身外種種浮浪長物，尚可藉以長久耶？古人云：非全放下，終難湊泊，眼前且道放不下的是何物？」

他受業於王陽明，至不欲赴試，陽明說：

「吾非以一第爲子榮也，顧吾之學，疑信者半，子之京師，可以發明耳。」

他於是去應考，考中了。時當國者不悅學，他便對錢緒山說：

「此豈吾與子仕之時也。」

於是兩個人都不去參加廷試，便回到了家鄉。以待他時，方赴廷試。聞陽明卒於南安，遂奔喪至廣信，斬衰以畢葬事，而後心喪。他在林下四十年，無日不講學，年八十，猶周流不倦，他說；

「不論在山出山，尙有無窮事業可做。」

他又說：「成己成物，原非兩事，養德養身，原無二學，乃是千聖相傳秘藏。」

並說：「政與學，原非兩事，大學之道，在明明德，而其功正在親民上用。」

他更說：

「天下事不喫人執定做得，必須淡然超然，若一毫無意於天下之事者，方能了得，深山之寶，得於無心，赤水之珠，索於罔象，故運甓者在甓外，以無用爲用也。」

王陽明在門人日來日多，不能徧授時，於是叫他們先見他與緒山，他和易宛轉，使門人日親。陽明五十七歲就死了，他卻生活到八十六歲。他對當時大明的天下之事，眞像是運甓者在甓外運甓，以無用爲用，淡然超然，而不執定。當時自兩都及吳楚閩越江浙，皆有講舍，莫不以他爲宗盟。他把政與學，打通了。他又讓成己成物，成了一事，並讓養德養身，成爲一學。他有一種調息法，說是：

「息調則心定，心定則息愈調，眞息往來，呼吸之機，自能奪天地之造化。心息相依，是謂息息歸根，命之蒂也。一念微明，常惺常寂，範圍三教之宗。吾儒謂之燕息，佛氏謂之反息，老氏謂之踵息，造化闔闢之元機也。以此徵學，亦以此衛生，了此便是徹上徹下之道。」

就這樣，他便在山出山，大有事做。而所謂調息，那只是把一己的呼吸加以簡單化，有一己的呼吸之簡單化，就會有一己之心情的簡單化，有一己之心情的簡單化，就會有一己之生活的簡單化，有一己之生活的簡單化，就會有一己的事業之簡單化，有一己的事業之簡單化，就會有一己的生命的簡單化。這簡單化著一己之生命，其所連帶而來的，便是簡單化著一己之世界，便是簡單化著一己之天地，便是簡單化著一己之宇宙。這對一己的國家民族而言，會就是所過者化，這對一己的歷史文化而言，會就是所存者神。於此，簡單化到極點，便是「一念微明，常惺常寂」。於此，簡單化到極點，便是一點靈光，與生俱至。由此而於時代之大癲倒，大瘋狂，大雜碎，以至所謂大進步，而實是大輪迴之中，獲其休息，那便是所謂燕息，所謂反息，所謂踵息。由簡而繁，終由繁而簡，而一念一點，此即是造化闔闢之元機。元機原只是一念一點。由一念的簡單化，終於簡單化到了一點，這一點就是徹上徹下之道。對學而言，這一點就是學之本。對衛生而言，這一點就是命之蒂。一切必須簡單化，始可到一點。這一點就是一點靈明，只這一點靈明，是一個永恒的存在，亦是一個無限的存在，因之，是一個眞實的存在，「皮膚剝落盡，留取一眞實」，這一點靈明，就是一點眞實。而眼前放不下的，就是這一點眞實。調息事小，而眞實事大，但既爲一學，既成一事，則一切打通，亦就無所謂大小，到這裡，益壽延年，會就是開天闢地，而開天闢地，會終歸於益壽延年，究誰大誰小，誰重誰輕，誰緩誰急，誰進誰退，也就難言了。

唐荊川說他篤於自信，不爲行跡之防；包荒爲大，無淨穢之擇。《明儒學案》稱其以「良知既爲知覺之流行，不落方所，不可典要，一著工夫，則未免有碍虛無之體，是不得不近於禪。流行即是主宰，懸崖撒手，茫無把柄，以心息相依爲權法，是不得不近於老」。當時議論他的人士很多，這使他回憶著他的先生王陽明的話，他於《水西會語》中說：

「先師自云：吾居夷以前，稱之者十之九，鴻臚以前稱之者十之五，議者十之五。鴻臚以後，議之者十之九矣。學愈眞切，則人愈見其有過，前三稱者，乃其包藏掩飾，人故不得而見也。」

他在《休寧會語》中，又提到陽明講學的一段故事，他說：

「先師講學山中，一人資性警敏，先生漫然視之。屢問而不答。一人不顧非毀，見惡於鄉黨，先師與之語，終日不倦。某疑而問焉，先師曰：某也資雖警敏，世情機心，不肯放捨，使不聞學，猶有敗露悔改之時。若又使之有聞，見解愈多，趨時愈巧，覆藏愈密，一切圓融智慮，爲惡不可復悛矣。某也原是有力量之人，一時狂心銷遏不下。今既知悔，移此力量爲善，何事不辨。此待兩人所以異也。」

這些衷心的回憶，會都是表明著他是眞有契合於其師之「狂者胸次」。這狂者胸次，在王陽明是一個光明的胸次；而在王龍溪則是一個簡單化的胸次。這簡單化的胸次會有近於禪，那是由於兩者都是要放下一切。這簡單化的胸次，會有近於老，那是由於二者都是要開脫一切。只因爲要放下一切，所以連工夫也像是要把他放下來。只因爲要開脫一切，所以連把柄也像是讓自己沒有了。實則一個人能夠實有其一個簡單化的胸次，正是因其早曾苦苦地經歷了一個大工夫。一個人能夠保有其一個簡單化的胸次，也正是因其早已眞正地獲得了一個大把柄。他於《斗山會語》中，說：

「立志不眞，故用功未免間斷，須從本原上澈底理會，種種嗜好，種種貪著，種種奇特技能，種種凡心習態，全體斬斷，令乾乾淨淨，從混沌中立根基，始爲本來生生眞命脈。此志既眞，工夫方有商量處。」

這立志眞切，是爲了一個大工夫，同時，也就是一個大工夫。他在《沖元會紀》中說：

「今人講學，以神明爲極精，開口便說性說命。以日用飲食聲色貨財爲極粗，人面前，不肯出口。不知講解得性命到入微處，意見盤桓，只是比擬卜度，與本來生機了不相干，終成俗學。若能於日用貨色上料理，時時以天則應之，超脫淨盡，乃是定力。」

這「定力」是爲了一個大把柄，同時，也就是一個大把柄。他於默默哀苦中，悟得自己只有「一點靈光」，這便是立志眞切。他於在山出山，都覺得尙有無窮事業可做，這便是他的定力。他要從混沌中立根基，他又要從日用貨色上去料理。這便可以從他立志眞切處，看出他的定力。這也可以從他的定力裏，看出他的立志眞切。他徹底理會於本原，他又不以神明爲極精，這便可以從他的大工夫裡，看出他的大把柄。這也可以從他的大把柄裡，看出他的大工夫。他放下一切，他並不是不去提起一切。他開脫一切，他並不是不去凝聚一切。他說：

「吾人立於天地之間，須令我去處人，不可望人處我。」

他又說：

「所謂必有事者，獨處一室，而此念常烱然，日應萬變，而此念常寂然，閒時能不閒，忙時能不忙，方是不爲境所轉。」

這「不爲境所轉」，這「須令我去處人」，只是要把一切提起來，於此，簡單化的胸次，是一種「放下」，也正是一種「提起」。

「只有開脫起來，那纔能凝聚，但又只有凝聚起來，那才能開脫」，此之謂一陰一陽之爲道。而所謂簡單化的胸次，則由此而來。

只有放下一切，那纔能提起，但又只有提起一切，那纔能放下。此之謂一翕一闢之爲功，而所謂簡單化的胸次，則由此而至。

他於《自訟》中云：

「吾儒之學，與禪學俗學，只在過與不及之間。彼視世界爲虛妄。等生死爲電泡，自成自住，自壞自空，天自信天，地自信地，萬發輪迴，謂之太虛，漠然不以動心。佛氏之超脫也。牢籠世界，桎梏生死，以身徇物，悼往悲來，戚戚然若無所容，世俗之芥蒂也。修慝省愆，有懼心而無戚容。固以數之成虧自委，亦不以物之得喪自傷，內見者大，而外化者齊，平懷坦坦不爲境遷，吾道之中行也。」

而所謂簡單化的工夫，則正是「內見者大，而外化者齊」，故能開脫，又能凝聚。而所謂簡單化的把柄，則正是「平懷坦坦，不爲境遷」，故能放下，又能提起。那是行於放下與提起之中，那是行於開脫與凝聚之內，由之而有其「道之中行」，亦由之而有其一種「簡單化的胸次」。此則有別於禪，有異於俗，亦復不同於老。

他因簡單化之極，所以「篤於自信，不爲行跡之防」。他因簡單化之至，所以「包荒爲大，無淨穢之擇」。因之，他對其師王陽明致良知的體認，亦是基於其對簡單化之一胸次的體認。他在《雲門問答》中說：

「良知二字，是徹上徹下語，良知知是知非，良知無是無非。知是知非，即所謂規矩。忘是非而得其巧，即所謂悟也。」

從規矩裡面了悟，又從了悟裡面識取規矩。此所謂徹上徹下，正是一種徹上徹下的簡單化。一切是變化流行，而流行變化又總歸於一。由此而「撒手懸崖，披襟一笑」，亦由此而「囝地一聲，泰山失足」。功夫在可見與不可見之間，而把柄亦復在若有若無之內。此則實因大工夫不能不如此，而大把柄亦不能不如此。他於《答徐存齋》云：

「良知不學不慮，終日學，只是復他不學之體；終日慮，只是復他不慮之體。無工夫中眞工夫，非有所加也。工夫只求日減，不求日增，減得盡便是聖人。後世學術，正是添的勾當，所以終日勤勞，更益其病。果能一念惺惺，冷然自善，窮其用處，了不可得，此便是究竟話。」

這「減」就是簡單化。這「減得盡」，便是簡單化到極點，簡單化到一點，並由此而簡單化到一點靈光，以終至於通體透明，通體是德慧，這簡單化是無工夫中的眞工夫，那是從了悟裡識取規矩。這簡單化又是眞工夫裡的無工夫，那是從規矩裏面去眞正了悟。從前之說，那是一念惺惺，冷然自善。依後之說，那是窮其用處，了不可得。他於《書同心冊》中又說道：

「良知者，性之靈根，所謂本體也。知而日致，翕聚緝熙，以完無欲之一，所謂工夫也。良知在人，不學不慮，爽然由於固有。神感神應，盎然出於天成。本來眞面目，固不待修證而後全。若徒任作用爲率性，倚情識爲通微，不能隨時翕聚以爲之主，倏忽發化，將至於蕩無所歸，致知之功，不如是之疏也。」

所謂靈根，就是光體。所謂「翕聚緝熙，以完無欲之一」，就是光明而歛，以歸於簡單化之一。這「一」，一透明，便是永恒。這「一」，一透明，便是無限。「無限」是爽然由於固有。「永恒」是盎然出於天成。而作用必不能致於無限，情識更絕難通於永恒。若夫光明而歛，則正是工夫之密。若倏忽變化，蕩無所歸，便非不斷的簡單化不可。

一個人在其不斷的簡單化的過程中，於「默默哀苦中，悟得只有一點靈光，是從生帶來的」，那是一個人應有的事。有此一點靈光，那便自然要不斷的追求著光明。當他不斷的追求著光明時，他便自然會虛心應物。這虛心應物，只是讓自己的光，不蔽於物。於此，就正是致良知。因之，他在《維揚晤語》中，說道：

「致良知，只是虛心應物，使人人各得盡其情，能剛能柔，觸機而應，迎刃而解，如明鏡當空，研媸自辨，方是經綸手段。才有些子才智伎倆，與之相形，自己光明，反爲所蔽。」

只要不蔽著自己的光明，則人人即在我的光明中，而盡情呈露。虛心只是守住一靈光。而守住一點靈光，即是守住一念靈明。只不過，據他說：

「明友有守一念靈明處，認爲戒懼工夫，纔涉言語應接，所守工夫，便覺散緩。此是分了內外。靈明無內外，無方所，戒懼亦無內外無方所，識得本體，原是變動不居，雖終日變化云爲，莫非本體之周流矣。」（見《沖元會紀》）

本體之周流，即光明之普照。所守工夫之散緩，那是所守之一點靈光，亦即一念靈明之散緩。而這一點靈光亦即一念靈明之散緩，則正是簡單化之一胸次的散緩。

於此，一點靈光，會就是一念靈明，一念靈明，會就是一種虛心。一種虛心，會就是一種簡單化的胸次。而致良知，也會就是以這一簡單化的胸次以應物。

在一個人的完成裏，本此簡單化的胸次，再加以永恒而無限的簡單化的工夫，這便會纔動即覺，纔覺即化，而由此而完成著一切，這便會使一點靈光，成爲萬般光彩。

十四、羅近溪的「我只平平」

一點靈明，會終於萬般光彩。只不過一番奇特，又會終於只是平平。泰州王艮於一夕夢天墮壓身，萬人奔號求救，他舉臂起之，視其日月星辰失次，復手整之。醒來時，汗溢如雨，心體洞徹。他以古服進見王陽明，至中門舉笏而立，陽明出迎於門外，始入。據上座，辯難久之，稍心折，移其座於側。談完了，方下拜稱弟子。第二天，又不服，復上座辯難，終大服。再稱弟子，這使陽明也對門人說道：「向者吾擒宸濠，一無所動，今卻爲斯人動矣。」他自創蒲輪，招搖道路，將至都下，有老叟夢黃龍無首，行雨至崇文門，變爲人立，第二天早晨去迎候著，卻是他來了。貴溪徐波石少與宰相夏言名相亞，卒業泰州之門，常與泰州步月下，刻刻簡點，泰州厲聲曰：「天地不交否？」又一夕至小渠，泰州躍過。回看著他說道：「何多擬議也？」他過著渠，便頓然若失。既而嘆曰：「從前孤負此翁，爲某費卻許多氣力。」他做了雲南市政使，元江府土舍那鑑弒其知府那意，攻劫州縣，旋僞降，他以督餉至軍，獨行至那鑑處，呵問而被害。他的弟子顏山農尋其骸骨歸葬，山農好急人之難，趙大州赴貶所，他偕之行。他有詩寄周恭節道：

蒙蒙煙雨鎖江垓，江上漁人爭釣臺，夜靜得魚呼酒肆，湍流和月掇將來。
若得春風遍九垓，世間那有三歸臺？君仁臣義民安堵，雉兎芻蕘去復來。

羅近溪閉關臨田寺，置水鏡几上，對之默坐，使心與水鏡無二，久之而病心火。偶過僧寺，見有榜急救心火者，以爲名醫，跑進去，方知是山農在那裡講學。近溪自述其不動心於生死得失之故，山農則說他是制欲，不是體仁，而要他「勿妄疑天性生生之或息」，他便如大夢得醒，明日五鼓，即往納拜稱弟子。不久他的病就好了。其後山農以事繫留京獄，他盡鬻田產脫之，侍養獄中六年。年老家居，山農至，他不離左右，一茗一果，必親進之，諸孫以爲勞，他便說：「吾師非汝輩所能事也。」他嘗謂周恭節曰：

「山農與相處三十年，其心髓精微，決難詐飾……不肖菲劣，已蒙門下知遇，不敢竊謂門下知百近溪，不如今日一察山農子也。」

山農以戍出，年八十餘。梁汝元，後改名何心隱，亦從學於山農，和他同遊。一日遇張居正於僧舍，心隱率爾曰：「公居太學，知大學道乎？」張居正裝作勿聞，目攝之曰：「爾意時時欲飛，卻飛不起也。」張居正走了，心隱嗒然若喪曰：「夫夫也，異日必當國，異日必殺我。」以後張居正爲相，遂死獄中。當張居正以宰相地位，問他的山中功課時，他則說：

「讀《論語》、《大學》，視昔差有味耳。」

他以前出守寧國府，以講會鄉約爲治，他後來，補守東昌，遷雲南副使，悉修境內水利。莽人掠迤西，作亂，他討平之。他講學於廣慧寺，朝士多相從。張居正厭惡他，勒令致仕。他於是更講學於安城，劍江，兩浙，金陵，閩廣一帶。他死時，從姑山崩，大風拔木，刻期以九月朔觀化。諸生請留一日，他便留一日，諸生問他的神通變化，他說：

「神通變化，皆異端也，我只平平。」

他於是於午刻逝去，年七四。

他是太州王心齋艮的三傳弟子。在大明的天下裏，由陳白沙的清明而晦，到王陽明的光明而歛，更由此而旁及於王龍溪的一點靈光，又旁及於王心齋的一番異彩，終又由之而有徐波石的獨行，顏山農的特立，以至何心隱的一番奇氣。他於此異彩，獨行，特立，奇氣下，初初是心光一任孤懸。但心光不可孤懸，孤懸必成心火。因此，他久之遂病心火。不虛心以應實物，不虛懷以應實事，正所謂不見諸物物，不見諸行事，則終非深切著明，自亦終非光明照耀。其不動心於生死得失之故，在當時只是把捉，不是流行。幸其師山農斥之爲制欲，不是體仁，他便如大夢方醒，頓悟其一己心光之孤懸，已全成其一種光景之玩弄。那時，他正學於山農，還是二十六歲。他後來關於光景之破除，更有其一些極爲親切之言。他說：

「人生天地間，原是一個靈氣，萬感萬應，而莫究根源，渾渾淪淪，而初無名色。只一心字，亦是強立，後人不省，緣此起個念頭，就會生做見識。因識露個光景，便謂吾心實有如是本體，實有如是朗然，實有如是澄湛，實有如是自在寬舒。不知此段光景，原從妄起，必隨妄滅。及來應事接物，還是用天然靈妙渾淪的心。此心儘在爲他作主幹事，他卻嫌其不見光景形色，回頭只去想念前段心體，甚至欲把捉終身，以爲純一不已，望顯發靈通，以爲宇大天光，用心愈勞而違心愈遠矣。」

他在《盱壇直詮．上卷》更以淺警示人以聖人的常知常覺之所本，他說：

「汝此去家各遠，試自觀其門戶，人物器用，各烱然在心否？」

大家回說：「烱然在心。」食上忽報有客將臨，他復遍呼在坐曰：

「汝等此時皆覺得有客來否？」

大家回答道：「皆覺得。」他說：

「亦待反觀否？」

大家說：「未嘗反觀，卻自覺得。」他乃回顧初問者說道：

「此兩個烱然各有不同，其不待反觀者，乃本體自生，所謂知也。其待反觀者乃工夫所生，所謂覺也。今須以兩個打成一個，便是以先知覺後知，而知乃常知；便是以先覺覺後覺，覺乃常覺，是爲聖人。而天下萬世皆在其烱然之中矣。」

這常知常覺，就是一個靈氣。這靈氣人人皆有，故人皆可以成聖。其所以不能人人成聖，則或由此知此覺之滯於跡，滯於跡則坎陷於物，無以自拔而失其靈。或由此知此覺之滯於空，滯於空則不通於物，無以自生而竭其靈。通常科學上的察察爲明之知，即常滯於跡，而藝術上的直觀表現之覺亦常滯於空。科學之至於殺人，藝術之至於瘋狂，要皆由其遠離於生命之本身，失其靈氣，而無由常知常覺以自拔於物，自生其機而已。反之，心光通於物，生機應於天，流行自在，就是一念萬年。如此歸於永恒，歸於無限，則天下萬世，自皆在其烱然之中。滯跡溺於形色，滯空留連光景。積之既久，則形色，即成爲一大空虛，而光景則反成爲一大黑暗，因皆所以窒息其靈明，並皆所以遏抑其生機，正所謂自掘墳墓，歸於鬼窟，不得不僵化，不能不悶死。由此而有其一個時代之窒塞，由此而有其一個時代之瘋狂，要皆爲一應有之事。玩弄光景則人病心火；人病心火則世界焦枯。此在近溪，見之最眞，感之最切。他又指一人之光景而責之曰：

「閤下心中烱烱，卻赤子原未帶來，蓋渾非天性而出自人爲。今日天人之分，便是將來人鬼之關。能以天明爲明，則言動條暢，意氣舒展，不爲神明者無幾。若只沉滯胸襟，留戀光景，幽陰既久，不爲鬼者無幾。噫，豈知此是心之烱烱，翻爲鬼種，其中藏乃鬼窟耶？」

他又說：

「此心之體，極是微妙輕清……世人若不解事卻使著許多粗重手腳，要去把捉搜尋。譬之一泓定水，本可鑑天徹地，才一動手，便波起明昏。世人惟怪水難清，不知自家亂動手也。」

以天明爲明，就是光明普照。心之光明，乃心之微妙，而心之微妙，乃心之輕清。輕清則鑑天徹地。鑑天徹地，則條暢寬舒。條暢寬舒，則生生不息。生生不息，則萬紫千紅而莫非是春，而無不是道。只有粗重手腳，才沉滯胸懷，留戀光景，翻爲鬼種，徒喚奈何？

他三十二歲而悟易於胡宗正。宗正原是他的舉業弟子，但聞其有得於易，反而師事宗正。宗正曰：

「伏羲平地著此一畫何也？」

於是他想了又想，請教之後又請教著，過了三個月，才得其義。他說：

「伏羲當年亦將造化著力窺覷，所謂仰以觀天，俯以察地，遠取諸物，近取諸身，其初也同吾儕之見，謂天自爲天，地自爲地，人自爲人，物自爲物。爭奈他志力精專，以致天不愛道，忽然靈光爆破，粉碎虛空。天也無天，地也無地，人也無人，物也無物，渾作一個圓團團，光爍爍的東西，描不成，寫不就，不覺信手禿點一點，元也無名，也無字，後來只得喚他做乾，喚他做太極也，此便是性命的根源。三代聖人如文王周公，俱盡心去推廣演擬議。及到孔子，又加倍辛勤，韋編之堅，三度斷絕。自少而壯而老，直至五十年代來，依然乾坤混沌，貫通一團，而曰天命謂之性也。居常想像吾夫子此言出口之時，眞傾瀉銀河，吸盡滄溟，以將潤其津唾，扶搖剛風，轉旋灝氣，以將舒其喘息，又何天之不爲我，我之不爲天，命之不爲性，性之不爲命也耶？」

這「圓團團，光爍爍的東西」，就是一個「一」。就其簡單化到了一，並再三簡單化來說，就喚他做乾。就其簡單化到了一點而無方所、無動靜來說，就喚他做太極。那「一」是一個變化裡的一，是一個繁複裏的一，是一個一切的一，因之是一個本，一個根，一個源。在源那裡，有流行，在根那裡有生生；在本那裡有化化。化化有不朽之光，生生有不已之機，流行有不捨晝夜之道。而性即在此光之中，命即在此機之內，天則不在此道之外。於此，天是清明，性是光明，命是在清明與光明之間，而清明之命，則就是一個光明。因之，當清明在躬時，我即是清明，即是天，而天亦即是我。當率性之謂道時，命由天出，性亦合乎天，則通體透明，性即是命，命亦即是性。如此，則宇宙在手萬化歸身，傾瀉銀河，吸盡滄溟，自只能潤其津唾；扶搖剛風，轉旋灝氣，自只能舒其喘息。伏羲當年，平地著此一畫，眞是靈光爆破，粉碎虛空，從此便讓變易與簡單化偕行，以成其易，由易而生生化化，以成一大生命之流行，終歸於一生命之海，終歸於一生命之仁，亦即終歸於一生命之核。

他在四十六歲時，證道於泰山丈人，至是，他由破除光景，而深悟於《易》，又由深悟於《易》，而證歸於道，亦即終歸於仁，他過臨清，據載：

「忽遘重病，倚榻而坐，恍若一翁來言曰：君身病稍康，心病則復何如？羅子不應，翁曰：君自有生以來，遇觸而氣不動，當劬而目輒不瞑，擾攘而意自不分，夢寐而境悉不忘，此皆君心錮疾也。羅子愕然曰：是皆予之心得，曷言病？翁曰：人之心體，出自天常，隨物感通，原無定執。君以宿生操持強力太甚。一念耿光，遂成結習，日中固無紛擾，夢裡亦自昭然，君今謾喜無病，不悟天體漸失，豈惟心病，而身亦不能久延矣。蓋人之意志長在目前，蕩蕩平平，與天日相交，此則陽光宣朗，是爲神境，令人血氣精爽，內外調暢。如或志氣沉滯，胸臆隱隱約約，如水鑑相涵，此則陰靈存想，是爲鬼界，令人脈絡糾纏，內外膠泥。君今陰陽莫辨，境界妄縻，是尙得爲善學者乎？羅子驚起汗下，從是執念潛消，血脈循軌。」

這「血脈循軌」，就是仁：不仁則麻木。這執念潛消，就是仁；不仁則僵化。「破除光景」，是讓一己之歸於簡單化。有悟於《易》，是讓變化與簡單化之偕行。而終歸於仁，則是連簡單化的本身，亦復放下，而任其蕩蕩，歸於平平，「體與天通，用與物雜」，以天日為明，明通於物，不是沉沉滯滯，不是隱隱約約，不是糾纏，不是膠著，有簡單化的「一」，又有簡單化的「一」的一切，虛心虛懷，應物應事，出自天常，原無定執，於是只有靈活，不會僵化，只有感通，不會麻木。景不流於幻，易不流於鬼，三十六宮都是春，從心所欲不踰矩，知性歸仁，歸仁成聖，儘是逍遙，儘是自在。有問他以孔子臨終之逍遙氣象者，他回答道：

「夫形骸雖顯，而其體滯竳，本心雖隱，而其用圓通。故長戚戚者，務活其形者也。坦蕩蕩者，務活其心者也。形當活時，尚苦滯碍，況其僵仆而死耶？心在軀殼，尚能圓通，況離形超脫，則乘化御天，周遊六虛，無俟推測。即諸君此時對面，而其理固明白現前也，又何疑哉？」日無紛擾，不如逍遙。夢裡昭然，何如自在？善其生者，所以善其死，識此仁者，即所以識此天。體與天通，即歸於永恒，歸於無限。而用與物雜，正所以貴清明之在躬，天道之通物，以歸於清明，歸於透澈。逍遙氣象，是由於逍遙工夫。而逍遙工夫，則只是此心自在。他的孫子懷智，臥病於床，他問他道：

「病中工夫何如？」

懷智說：

「甚難用工。」

他說：

「汝能似無病時，便是工夫。」

他有一次與諸公請教一僧，僧曰：

「諸公皆可入道，惟近溪不可。」

他問他何故，僧曰：

「載滿了。」

他謝了他，將別，僧謂諸公曰：

「此語惟近溪能受，何諸公卻不敢進？」

他四十六歲證道後，繼續地精進，到七十歲時，還問心於武夷先生，他是把道載滿了，因之，他是平滿。這平滿，就是完成。

《明儒學案》中稱其學云：

「以赤子良心不學不慮爲的，以天地萬物同體，徹形骸忘物我爲大，此理生生不息，不須把持，不須接續，當下渾淪順適。工夫難得湊泊，即以不湊泊爲工夫，胸次茫無畔岸，便以不依畔岸爲胸次。解纜放船，順風張棹，無之非是。學人不省，妄以澄然湛然爲心之本體，沉滯胸膈，留戀景光，是爲鬼窟活計，非天明也。論者謂龍溪筆勝舌，近溪舌勝筆，微談劇論，所觸若春行雷動，雖素不識學之人，俄頃之間，能令其心地開明，道在眼前。一洗理學膚淺套括之氣，當下便有受用，顧未有如先生者也。」

正因爲他是「以赤子良心不學不慮爲的」，所以便到達了「以天地萬物同體，徹形骸忘物我爲大」。又正因爲他是「以天地萬物同體，徹形骸忘物我爲大」，所以又推演到孝弟慈之至善，並落實到孝弟慈之平平。他問從大學至善，推演到了孝弟慈。他又說道：

「某自三十登第歸山，中間侍養二親，敦睦九族，入朝而遍友賢良，遠仕而躬禦魑魅，以至年載多深，經歷久遠，乃嘆孔門學庸，全從周易生生一語化將出來。蓋天命不已，方是生而又生。生而又生，方是父母而己身，己身而子，子而又孫，以至曾而且元也。故父母兄弟子孫，是替天命生生不已，顯現個膚皮。天命生生不已，是替孝父母，弟兄弟，慈子弟通透個骨髓。直豎起來，便成上下今古；横亘將去，便作家國天下。孔子謂仁者人也，親親爲大。其將《中庸》、《大學》，已是一句道盡。孟氏謂人性皆善，堯舜之道孝弟而已矣。其將《中庸》、《大學》，亦是一句道盡。」

由孝弟慈之平平，一方面構成了上下古今的永恒，一方面又構成了家國天下之無限。一個人生活在孝弟慈之平平中，便即是生活在一個永恒和無限的眞實裡。獨處一室內，必思前想後，以待天明，必左顧右盼，以觀天色。此以待天明之思，便即是依依於永恒之內。此觀天色之目，亦即是戀戀於無限之中。而其與依依於父母之懷，戀戀於兄妹之旁，是同是別，豈非人人可得而辨？於此有一個人的完成。亦於此有一個人的未了。他說：

「仲尼臨終時，也不免嘆口氣。」

這無異說每一個人都生活在孝弟慈的平平中，則人在天地間，此身自儘可完成；但每一個人又都生活在一個永恒而無限的眞實裏，則人在天地間，此心又如何可了？此身完成，故儘有其逍遙氣象。此心不了，故仍不免嘆氣一聲。即使是聖人，依然是一樣的。

十五、呂東萊的「人人需要一座橋．鵝湖之會」

呂榮海補述

距離南宋淳熙二年（西元1175年），宇宙又走了八百四十七個地球年（西元2022年），對宇宙來說，這是非常非常微小的一步，微小到幾乎可以視爲不存在，但對地球來說，跨了八百四十七年，對地球人來說，大到可以跨過三十代，南宋淳熙年間那位據程兆熊博士所說「挽救了一個不敬的時代」的「泰山喬嶽」朱熹，他的三十代孫「台灣海峽兩岸朱子文化交流會」創會會長朱茂男，在二〇二二年七月十五日主辦「朱子文化與書院文化」論壇，會中人們又續述淳熙年間「挽救了一個不開朗而狹窄了的時代」的另一座「壁立萬仞」陸象山，續述他那「宇宙便是吾心，吾心便是宇宙」，當然，主要還有論述「泰山喬嶽」朱子。

八百四十七年之後的年代，又是一個「不敬的時代」，也是一個「不開朗而狹窄了的時代」，名嘴、網路、電視、報紙、Line群組，人們互相叫罵，人人有面臨戰爭、通膨的危機感，好似八百四十七年前面對金兵南侵的憂愁，人們抱怨多多，眞是又一個不敬、不開朗而狹窄的時代。

這許多危機，出自人人缺乏一座橋，一座溝通歧見的橋。

淳熙年間，呂東萊（祖謙）搭了一座橋，簡單化的搭起了一座橋，用來溝通那位「泰山喬嶽」與「壁立萬仞」。八百四十七年來，三十代的人眾口紛紛，仍巨細不遺繼續討論「泰山喬嶽」高，還是「壁立萬仞」高？討論還在繼續，沒有終點，許多人似乎忘了那座橋。直到有人再度提醒那座橋，提醒再了解那座橋。提醒：也可以簡單化，了解那座橋，簡單了解「人人需要一座橋」，一座「溝通歧見的橋」！提醒：《易》曰：「同人，大有。」易，簡單化也，簡單的理解，能找到和別人的共識，就能大有！人們已有的共識就是「泰山喬嶽」和「壁立萬仞」都很高，都是儒家的大咖，他們二人將「敬」給了「不敬的時代」，也將「開朗與開闊」給了「不開朗而狹窄的時代」。之後，在八百四十七年後又來到一個「不敬」又「不開朗」的時代，他們二人還可以再帶來「敬」與「開朗」、「開闊」嗎？仍是朱夫子與陸象山？二人之學可以救世嗎？

同樣，人們不可或缺一座橋，如果忘了橋，只知試比高「泰山喬嶽」與「壁立萬仞」，就複雜化了，反之，兼見了橋就簡單化了，就一個人的完成，一個國家的完成，一個地球的完成了，一個宇宙的完成了。

全祖望這樣描述「泰山喬嶽」、「壁立萬仞」與「橋」：「宋乾、淳以後，學派分而爲三：朱學也，呂學也，陸學也。三家同時，皆不甚合。朱學以格物致知，陸學以明心，呂學則兼取其長，而復以中原文獻之統潤色之。門庭徑路雖別，要其歸宿於聖人，則一也」。三家同時，爲實，「皆不甚合」，未必，簡單的看橋及之後朱、陸白鹿洞講會可知也。淳熙二年，呂東萊搭橋的「鵝湖之會」是「橋」的功能，這個「橋」已被文化界討論了八百四十七年。未來還會繼續很久，也許和地球、宇宙一樣久，陸象山已經說了宇宙。

《宋元學案》序錄又說：「小東萊之學，平心易氣，不欲逞口舌以與諸公角，大約在陶鑄同類以漸化其偏，宰相之量也。」東萊不曾當過宰相，但確有宰相之量！也是他出生之前的一百年以來，他的先輩、先人呂蒙正、呂夷簡、呂公著等多人多次曾任相位，呂公著曾推薦過胡安定、周敦頤、二程、邵雍、張載，他要兒子呂希哲拜「程同學」爲師，一下子提高了小程的知名度。他們家中有多與這些大學者接觸的家風，而相傳「多識前言往行以蓄其德」，自然有宰相之量，此話竟成爲成語，留傳八百四十七年，未來還會繼續傳。東萊他在麗澤書院講學，張崑將說「麗」是「連接」，麗澤是「兩個湖」中間有水道連接，一湖缺水另一湖自動給水，確保兩湖不乾涸，令人驚喜。是的，人與人心心相連，如《易》曰：

「麗澤，兌，君子以朋友講習。」融會《論語．學而篇》之學習、朋友之樂，此麗澤之志為搭「橋」鵝湖之會的平日習行。「志」、「習」、「喻」的順序方法，就像陸象山在白鹿洞會講的明白，正是呂東萊麗澤之「志」與「習」而後「喻」的搭「橋」，他對陸象山的思想、文筆很了解，那一年陸象山參加科考，名字密封，但呂東萊一眼就看出「此必江西陸子靜之文」。是的，東萊也研究文學，編了《皇朝文鑑》，收集唐、宋十三家文，成為唐宋八大家的基礎，他還寫〈古文關鍵〉一文的文學評論，評介大宋的眾文人。

八百四十七年之後的時代，美國是「泰山喬嶽」，中國是「壁立萬仞」，世界形成2G，但少了一座「橋」，弄得世界不安。世界不安，簡單化的講，很多人忘了「橋」！只有二座高山，沒有橋，二大國需要「橋」，需要「鵝湖之會」，世界才能和平，庶民才能安居樂業。

八百四十七年之後的時代，朱子學仍是「泰山喬嶽」，但力主「心學」的「新儒家」宗熊、牟、唐三位大儒，仍是「壁立萬仞」，仍然互相試比高？簡單化言之，八百四十七年之後人人仍然需要一座「橋」。人人仍然需要呂東萊在淳熙二年（西元1175年）已經搭起的那座人人需要的「溝通之橋」。

八百四十七年之後的時代，資本主義仍是「泰山喬嶽」，但社會主義也是「壁立萬仞」，雖然蘇聯已經解體，但中國大陸仍然講之「唯物論」，兩邊也需要一座「橋」。「唯心」（主觀的唯心、客觀的唯心）與「唯物」也需要一座橋。八百四十七年以來，地球就是忘了這座「橋」而紛爭不止，我們仍然需要這座橋，鵝湖之會是一座橋。

八百四十七年之後的時代，「義」仍是「泰山喬嶽」，「利」也是「壁立萬仞」，「義」與「利」之間也需一座「橋」，呂東萊主張「天理常在人欲中，未嘗須臾離也」（《東萊博議・卷十二》），在義、利之間建橋，開啓浙東實用學派及五百年後戴東原調和理、欲、情的努力，這樣，才不在胡適反對之理學之列。簡單化言之，理、欲、情之間，人人需要一座橋，溝通、平衡理、欲、情。

「經」是「泰山喬嶽」，「史」也是「壁立萬仞」，然亦有「經輕史、史輕經」的現象，呂東萊也搭起一座連通經史的橋，例如他力作《東萊博議》將經史互論，以史實爲基礎，以經論之，並就史和《左傳》作不同詮釋。此種連結經、史的橋，開啓浙東學派如黃宗羲、萬斯同、全祖望、章學誠，有「經世致用」學風，影響深遠。淳熙年間，呂東萊與事功派陳亮（王霸之論）與葉適（這個文人會打戰）皆爲好友，兼容理、心、事功。五百年之後，有顧炎武、顏元講實學、天下郡國利病，也同於呂東萊的「講實理、育實才、求實用」。

東萊通經、史、文學，又想兼容理學、心學、事功學，加上呂氏有幾代的參禪學，於是，引來「博雜」或「駁雜」及「溺於佛」的批評，只因爲他太前衛了，早了八百四十七年，在八百四十七年之後的時代，各種學科更多、更博雜，人們更溺於佛，佛寺比書院多很多、大得多了，甚至金璧輝煌多了。面對這麼博雜的事務，朱熹「主一」的說法很值得參考，年長東萊七歲的朱兄，值得參考。

人人需要一座橋，大儒是，庶人也是，原告被告也是。台灣海峽兩岸的人民更需要一座橋。東萊說「……世之所謂相反者，無如水火，而其理初未嘗有異……聖人使人於同之中觀其異，異之中觀其同……」、「人之相與，雖道合志同之至，亦不能無異」、「君子須當於異中求同」，七百年之後，大儒錢穆之學也「貴求與人同，不貴與人異」，唐君毅爲學「求合於人，見人之是」，牟宗三融會儒學與康德，皆有「求同存異」，合於鵝湖之會搭橋的目的。可見：自個人、大儒以至於國家都需要一座橋，走上橋好好交流、溝通，才是搭橋之意，就這麼簡單。

搭了一座橋，東萊完成了西元1175年鵝湖會，才1181年，呂東萊（祖謙）就辭世了，年僅四十五歲，這麼年輕就完成了來宇宙的任務。但這座橋也被論述了八百四十七年，還會持續，其內涵廣遠。人迷路了，找出路，如果不能用Google地圖找路，那就設法回到迷路的地方，再仔細找找，就可能找到對的路（出路），就這麼簡單。淳熙二年的鵝湖之會及其後不久陳亮、辛棄疾的第二次鵝湖之會，涵蓋了理學、心學、事功學，鵝湖之會所搭的橋，就是八百四十七年來迷路的地方，回到那裏，再仔細查找，才能找到對的路。

人人需要一座橋！高如「泰山喬嶽」與「壁立萬仞」之間更需要一座橋！你會感到艱難的是，要在兩座這麼高的高山之間搭橋，需要絕高的技術、資金、資源與機緣。所幸，這座橋已經在淳熙二年搭起來了。回首道來，這座名橋也要感謝「泰山喬嶽」與「壁立萬仞」，是他們撐起了橋！因爲兩座山很高，所以，橋也跟著高，三人誰也離不了誰，如果離其一，就沒有那麼高，或沒有那麼遠了，有趣啊！思及此，自然便引起了「敬」與「開朗、開闊」，在這個及那個「不敬的時代」與「不開朗而狹窄的時代」，如程兆熊博士所云。

NOTE

NOTE

NOTE

NOTE

NOTE

NOTE

國家圖書館出版品預行編目資料

大地人物：理學人物之生活的體認 / 程兆熊著. -- 初版. -- 新北市：華夏出版有限公司, 2022.08

面；　　公分. - -（程兆熊作品集；07）

ISBN 978-626-7134-22-1（平裝）

1.CST：理學 2.CST：傳記 3.CST：中國

125.099　　111007706

程兆熊作品集　007

大地人物：理學人物之生活的體認

著　　作　程兆熊
印　　刷　百通科技股份有限公司
　　　　　電話：02-86926066　傳真：02-86926016
出　　版　華夏出版有限公司
　　　　　220 新北市板橋區縣民大道 3 段 93 巷 30 弄 25 號 1 樓
　　　　　電話：02-32343788　傳真：02-22234544
E-mail　pftwsdom@ms7.hinet.net
總 經 銷　貿騰發賣股份有限公司
　　　　　新北市 235 中和區立德街 136 號 6 樓
　　　　　電話：02-82275988　傳真：02-82275989
　　　　　網址：www.namode.com
法律顧問　呂榮海律師
　　　　　台北市錦西街62號 電話：02-25528919
版　　次　2022 年 8 月初版一刷
特　　價　新台幣 300 元　（缺頁或破損的書，請寄回更換）

ISBN-13：978-626-7134-22-1
《大地人物》由程明琤授權華夏出版有限公司出版

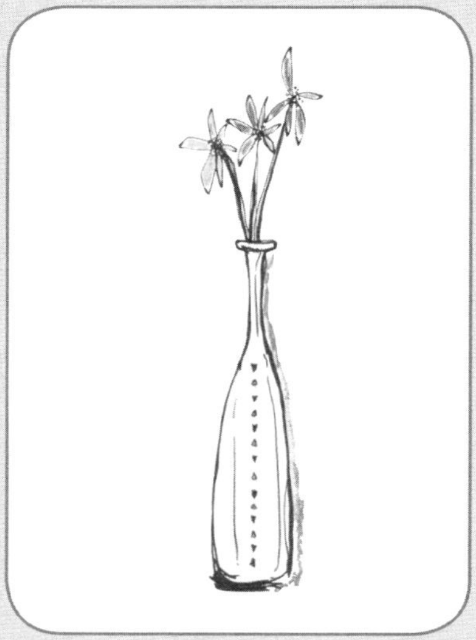

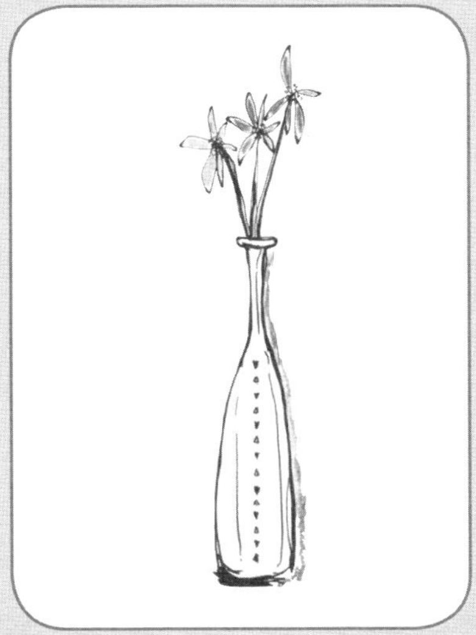